grafit

© 1992 by GRAFIT Verlag GmbH
Chemnitzer Str. 31, D-44139 Dortmund
E-Mail: Grafit-Verlag@t-online.de
Internet: http://www.grafit.de
Alle Rechte vorbehalten.
Umschlagzeichnung: Peter Bucker
Druck und Bindearbeiten: Fuldaer Verlagsanstalt
ISBN 3-89425-029-1
15. / 2002

Hiltrud Leenders / Michael Bay / Artur Leenders

Königsschießen

Kriminalroman

|grafit|

Die Autoren:

Hiltrud Leenders, geboren 1955 in Nierswalde (Niederrhein), hat Germanistik und Anglistik studiert. Von 1979 bis 1982 war sie als Übersetzerin tätig. Sie ist Mutter von zwei Söhnen.

Michael Bay erblickte 1955 in Rheine (Westfalen) das Licht der Welt und verdient als Diplompsychologe in Bedburg-Hau sein Geld. Er ist verheiratet und hat drei Kinder.

Dr. Artur Leenders, Vater oben genannter Jungen, ist 1954 in Meerbusch (Rheinland) geboren. Als Chirug im Emmericher Krankenhaus sorgt er für das Überleben seiner Familie.

Alle drei Mitglieder des Trio Criminale wohnen in Kleve. Seit 1988 konspirieren sie in gemeinsamer Wertschätzung von Doppelkopf, Clouseau, Pin Sec und Monty Python's Flying Circus. Weitere Krimis sind in Vorbereitung.

Einige wenige Figuren sind das genaue Ebenbild einer lebenden Person, von denen jede über die nachsichtige Charakterisierung ihrer selbst höchst erfreut war.

Jede mögliche Ähnlichkeit mit nicht zu Rate gezogenen Personen ist jedoch zufällig und keineswegs beabsichtigt.

1

Die Frau mit der Bratpfanne sprang ihm direkt vor die Maschine. Er konnte ihr mit knapper Not ausweichen und brachte wütend das schlingernde Motorrad zum Stehen.

„Herr Wachtmeister", schrie sie, „da! Der da wollte meine Kasse klauen. Schnell, Herr Wachtmeister, schnell!"

Und sie fuchtelte wild mit der Pfanne Richtung Altenheim, wo ein Motorradfahrer so eilig vom Bürgersteig auf die Straße fuhr, daß das Hinterrad seiner Maschine hüpfte und kurz wegrutschte.

„Ha!" dachte Look, und seine Augen blitzten, „da bist du an den Falschen geraten, Typ. Dich krieg' ich!"

Entschlossen legte er den Gang ein und startete mit quietschenden Reifen durch; der flüchtende Motorradfahrer war schon fast an der Post.

Look lief ein heißer Schauer über den Rücken. Mit einem kühnen, gut berechneten Schlenker wich er einem Kinderwagen aus und genoß es, als er die Passanten rechts und links in die Ladeneingänge fliehen sah.

„Wenn du unten in die Stechbahn einbiegst, Freundchen, hab' ich dich", knirschte er.

„KLE-U-955."

Bei Knops an der Ecke stieg der Typ hart auf die Bremse, und für einen Moment sah es so aus, als würde er die Kontrolle über die Maschine verlieren. Look, der sehr nah herangekommen war, riß sein Motorrad nach rechts rüber und erwischte mit dem Knie ein Fahrrad, das an einem Baum lehnte. Er spürte einen dumpfen Schmerz, hörte das Fahrrad krachend gegen eine Wand schlagen und fluchte.

„Nicht mit mir, Freundchen, nicht mit mir!"

Der Typ bog nicht wie erwartet in die Stechbahn ein, sondern verschwand nach rechts aus Looks Blickfeld.

Look gab Vollgas und versuchte, am Fischmarkt vorbei in spitzem Winkel die Einmündung der steilen Kirchstraße zu erwischen. Er hätte es sicherlich geschafft, wenn die Gestalter des Marktplatzes die Anlage um den neuen Lohengrinbrunnen nicht weiträumig mit Stufen versehen hätten.

Er streifte die kleine Erhebung mit dem Vorderrad und schoß über den Lenker hinweg in die Brunnenanlage. In Elsas ausgestreckten bronzenen Armen blieb er hängen. Das Motorrad war in den Graben gekippt und wirbelte mit dem Hinterrad das Wasser auf, das nach allen Seiten wegspritzte.

Leute schrien.

Über den mächtigen Busen der Figur hinweg sah Look gerade noch unscharf den Motorradfahrer oben in der Kurve der Kirchstraße verschwinden, dann verlor er das Bewußtsein.

Etwa zur gleichen Zeit stieg keine zweihundert Meter entfernt oben in der Schwanenburg Hauptkommissar Helmut Toppe in seinen Wagen ein und bekam von dem ganzen Lärm nichts mit.

Er hatte seinen letzten Urlaubstag damit verbracht, sich neu einzukleiden; zum ersten Mal seit langer Zeit hatte er sich selbst etwas zum Anziehen gekauft. In den letzten Jahren hatte Gabi das für ihn getan und vorher seine Mutter; jedenfalls bis zu der Zeit, als Jeans modern wurden, aber da hatte er sowieso meistens seine Uniform tragen müssen. Jetzt war es wirklich nötig gewesen. Nichts hatte ihm mehr gepaßt, seit er die achtzehn Kilo runter hatte. Trotzdem war ihm ein bißchen unwohl bei dem Gedanken, daß er über tausend Mark nur für sich selbst ausgegeben hatte; und dann auch noch für so etwas Nebensächliches wie Kleidung. Aber vielleicht war die ja gar nicht so nebensächlich?

Er hielt Gabi die Beifahrertür auf, und sie ließ sich erschöpft in den Sitz fallen.

„Puh! Erst der ganze Stress in der Praxis und dann noch die Rennerei durch die Stadt. Jetzt brauch' ich erst mal einen Kaffee."

Sie arbeitete halbtags als MTA bei einer Kinderärztin, und

obwohl auch sie eigentlich erst am Montag wieder anfing, hatte sie heute schon für eine Kollegin einspringen müssen.

Er lächelte und strich ihr mit dem Handrücken über die Wange. Sie hatten wirklich schöne vierzehn Tage miteinander verbracht.

Ein Familienurlaub in diesem Sommer wäre einfach zu teuer gewesen. Aber vor sechs Wochen hatte er die Nase vollgehabt und kurzerhand einen Urlaub nur für Gabi und sich auf Gran Canaria gebucht. Die Kinder konnten sie bei den Schwiegereltern lassen; mittlerweile waren die beiden Jungs alt genug, das zu verkraften, jedenfalls besser als er.

Es war genau das gewesen, was er gebraucht hatte. Sogar am Strand hatte er sich wohl gefühlt, vielleicht auch, weil ihm die ein oder andere Frau mal einen zweiten Blick gegönnt hatte. Das Gefühl kannte er nicht. Er war immer zu dick gewesen. Sehr groß wohl, aber auch entsprechend beleibt. Kräftig, hatte seine Mutter immer gesagt.

„Schlichtweg fett war ich", sagte er aus seinen Gedanken heraus.

Gabi lachte. „Stimmt, ja. Aber jetzt: der reinste Adonis. Halt doch mal eben bei Golatten; wir haben keine Milch mehr im Haus."

Gabi hatte der Urlaub auch gut getan. Vierzehn Tage Zweisamkeit; sie hatten fast jeden Tag miteinander geschlafen. Wie lange war das her, daß es so zwischen ihnen war? Vor Christians Geburt. Zwölf Jahre, mein Gott!

Natürlich hatten sie sich diesen Urlaub eigentlich auch nicht leisten können, so kurz nach dem Hausbau, aber trotzdem. Ein neues Auto wäre auch fällig, sein alter Passat hatte immer mehr Mucken. Und für den Leiter des Ersten Kommissariats war die Rostlaube sowieso wenig passend. Den Gedanken schob er schnell beiseite. So was war ihm bisher schließlich immer egal gewesen.

Er hielt auf dem Parkplatz vor dem Supermarkt.

„He", meinte er und legte seine Hand auf ihr Knie, „sollen

wir beide nicht heute abend ganz schick essen gehen? So als Urlaubsausklang."

Sie hob nur die Schultern und stieg aus, beugte sich aber noch mal herein. „Also, ich find' das nicht so gut. Wir waren so lange weg. Die Kinder haben auch mal wieder Rechte. Und ich will auch nicht schon wieder meine Mutter…"

„Mensch, komm", murrte er – der Alltag hatte ihn wieder – „na gut, dann nehmen wir die Jungs eben mit."

„Ach, Helmut", seufzte sie nur und ging in den Laden.

Sein Gewissen meldete sich sofort. Sie hatte ja recht, über tausend Mark nur für ihn. Und sie war eben auch schon wieder im Trott.

Ob er mal Breitenegger anrief und fragte, was so für Montag anlag? Er verwarf die Idee schleunigst wieder. Noch zwei Tage freie Gedanken. Es würde ziemlich merkwürdig sein, nur mit Breitenegger und Heinrichs zu arbeiten. Ohne van Appeldorn, das kannte er schon gar nicht mehr. Aber Norbert van Appeldorn war Vater geworden und seit Mai im Erziehungsurlaub.

„Genau", entschied er sich, „den ruf' ich gleich mal an. Vielleicht kommt er ja heute abend auf ein Glas rüber."

2

Minneken Kuipers, die Frau mit der Bratpfanne, hatte sofort ihren Laden abgeschlossen und war schnurstracks zum Polizeipräsidium geradelt. Dort hatte sie der Beamte, bei dem sie ihre Anzeige aufgab, an eine Sonderkommission der Kripo im ersten Stock verwiesen, wo sie außer Atem und ein wenig zerzaust Platz nahm und ihre Geschichte erzählte.

„Bratpfanne?" Heinrichs starrte sie verblüfft an.

„Ja, sicher", nickte sie, „oder glauben Sie etwa, ich laß' mir von so einem Schnösel einfach meine Tageseinnahmen klauen?!"

Ihr Haushaltswarenladen in der Oberstadt war seit vier Generationen im Familienbesitz, und sie war nun – unverheiratet und kinderlos – die letzte, die den alten Klever Namen Kuipers repräsentierte.

„Nein, nein, aber Sie haben… wieso Bratpfanne?" Kommissar Heinrichs konnte sich, wenn er die Frau so ansah, kaum vorstellen, daß sie diesen Täter in die Flucht geschlagen haben wollte. Sie war sicher Ende Sechzig, klein und schmal, mit einem Mäusegesicht und flinken Augen.

Sein Erstaunen war ihr unverständlich.

„Na, die Pfannen stehen doch direkt bei der Kasse. Und als der mit der Mütze vorm Gesicht und diesem Pistolendings reinkam, da konnt' ich doch nicht lange fackeln. Ich hab' mir eine anständige Pfanne gegriffen, mit Stahlboden, und ihm eine verpaßt. Mitten auf die Zwölf." Sie kicherte.

„Mitten auf die Zwölf, so, so", meinte Breitenegger, der bisher schweigend, die obligatorische Pfeife im Mundwinkel, ihre Aussage zu Protokoll genommen hatte.

„Liebe Frau, das war ganz schön gefährlich."

„Wieso gefährlich? Ich war doch schneller."

„Das hätte trotzdem danebengehn können. Wir kennen den Täter nämlich. Wie sah übrigens seine Waffe aus?"

„Das war so eine, wie die in diesen Cowboyfilmen die immer haben; mit so 'nem Drehdings."

Breitenegger brummte zustimmend.

„Ich hab' mir das übrigens gleich gedacht", bemerkte sie spitz.

„Was haben Sie sich gedacht?"

„Daß dieser junge Spund mit dem Moped, Ihr grüner Kollege, den nicht mehr kriegt."

Sie erzählte von dem Polizisten, der gerade am Laden vorbeigekommen war und die Verfolgung aufgenommen hatte.

Heinrichs rief bei den Kollegen von der Schutzpolizei an. „Das muß Look gewesen sein", erfuhr er. „Wir haben gerade die Meldung reinbekommen. Er hat am Fischmarkt einen Unfall gebaut; ziemlich schwer verletzt wohl. Die Zeugen sagen, er sei hinter einem Motorradfahrer hergewesen. Wir haben hier schon zwei Beschwerden liegen, weil er in verkehrsgefährdender Weise die Hagsche Straße runtergebrettert ist."

„Wer? Der Motorradfahrer?"

„Nein, Look."

Die Täterbeschreibung, die Frau Kuipers geben konnte, war nicht sehr genau.

„Aber die Nummer vom Motorrad, die hab' ich mir gemerkt", triumphierte sie.

Breitenegger schrieb mit, obwohl er eigentlich wußte, daß es nichts bringen würde.

„Tja, Frau Kuipers", meinte er schließlich, „das wäre zunächst alles. Aber nächstes Mal, da spielen Sie nicht wieder die Mutter Courage. Das kann auch mal ins Auge gehen."

„Na, das weiß ich aber noch nicht so genau, Herr Kommissar", antwortete sie frohgemut im Hinausgehen und ließ Heinrichs und Breitenegger reichlich frustriert zurück.

„Alles ein bißchen karg bisher, nicht?" sagte Heinrichs.

„Wie? Karg?"

„Ist doch 'n schönes Wort."

Seit Monaten waren sie hinter diesem Motorradfahrer her, der immer am hellichten Tag, immer allein, kleine Läden überfiel und den Inhalt der Kasse mitgehen ließ. Er ging dabei äußerst brutal vor, hatte einen Ladenbesitzer so übel zusammengeschlagen, daß dieser an den Verletzungsfolgen gestorben war.

Sie wußten, der Täter war mittelgroß und schlank, sprach nur wenig und hatte keinerlei besondere Kennzeichen. Jedesmal war er anders gekleidet, aber eine dunkelblaue Wollmütze, die nichts als seine Augen freiließ, hatte er immer getragen.

Das Motorrad war eine 450er Honda, wie sie zu Hunderten herumfuhren, aber er benutzte fast immer ein anderes Nummernschild. Das Problem war, daß er in einem großen Gebiet arbeitete, aber stets in kleinen Städten: Kleve, Goch, Emmerich, Geldern und Rees, auch in Bocholt und Wesel, und mit ziemlicher Sicherheit gingen zwei Überfälle in Rheinhausen und Hamborn auf sein Konto.

Um ihn endlich stellen zu können, hatte man vor einer Woche zur Koordination eine Sonderkommission ins Leben gerufen; sie bestand aus Breitenegger und Heinrichs vom Ersten Kommissariat in Kleve. Daß der Täter diesmal gleich vor ihrer Nase zugeschlagen hatte, war vielleicht eine glückliche Fügung.

„Wir müssen mit Look sprechen. Vielleicht kann der uns endlich mal konkretere Hinweise geben", überlegte Heinrichs.

„Machen wir", knurrte Breitenegger, „sicher machen wir das. Aber man kommt sich ja langsam doch ein bißchen dämlich vor. Wir haben über hundert Hondas überprüft, alles Fehlanzeige. Inzwischen kann sich kein Motorradfahrer mehr auf die Straße trauen, ohne daß er nicht mindestens einmal kontrolliert wird. Und trotzdem rutscht der uns immer wieder dadurch. Es ist zum Haarausraufen!"

Das war eine ungewöhnlich heftige Rede für Günther Breitenegger, der normalerweise eher besonnen und kaum aus der Ruhe zu bringen war. Er war 55 Jahre alt, aus Bayern, aber schon seit achtzehn Jahren am Niederrhein, groß und schwer, gemütlich, meist väterlich-freundlich und im Ersten Kommissariat derjenige, der beruhigend eingriff, wenn zwischen den Kollegen die Wogen hochschlugen.

„Das Haarausraufen ist doch Toppes Spezialität", flachste Heinrichs. „Der kommt übrigens am Montag wieder."

„Das ist auch gut so", bollerte Breitenegger. „Der kann sich mit Astrid um den Kleinkram kümmern, dann haben wir zwei es endlich nur noch mit diesem Kerl zu tun."

Astrid Steendijk, die im vorigen Jahr schon als Praktikantin bei ihnen gearbeitet hatte, war am 1. September eingestellt worden. Das war zwar eine unerwartet großzügige Aufstokkung ihres Teams gewesen, aber sie war einfach noch zu unerfahren, als daß man ihr in Eigenverantwortung Aufgaben hätte übertragen können. So hatte es in den letzten Wochen durch Toppes Ferien und van Appeldorns Erziehungsurlaub eine Menge Überstunden für Breitenegger und Heinrichs gegeben.

„Alsdann", Breitenegger erhob sich schwerfällig. „Fahren wir zum Krankenhaus und schauen mal, ob wir mit Look sprechen können."

„Ja, gut." Heinrichs löschte seine Schreibtischlampe und steckte sein Notizbuch ein. „Schaun 'mer mal."

3

„…und getreu nach unserem Motto ‚Die Liebe überwindet alles' gebe ich nun die Bühne frei für unsere ‚Shuttles' und bitte das Königspaar, den Krönungsball zu eröffnen."

Der Präsident des Keekener Schützenvereins 1710 e.V. überließ das Mikrofon dem Sänger, der mit einer reichlichen Portion Schmalz „Ganz in Weiß" anstimmte. Sein Begleiter an der Hammondorgel ließ sich auch nicht lumpen.

Gerd der Mannhafte und Sigrid die Segensreiche, das frischgebackene Königspaar, eröffneten mit ihrem Throngefolge den Tanz.

„Herrgott! Du stehst mir auf der Schleppe", stieß die Königin hervor und warf ein strahlendes Lächeln in Richtung Ehrenmitgliedertisch.

„Wenn du nicht schon wieder die Hacken voll hättest, würdest du nicht so dämlich stolpern", zischte ihr Gemahl und packte sie fester.

„Moment mal, wer hat denn wen heute morgen nach Hause geschleppt?" Sie schenkte ihm ein perlendes Lachen.

Sigrid Pastoors war im Dorf als trinkfreudig bekannt. Im Vorstand hatte man scherzeshalber mit dem Gedanken gespielt, diese Tatsache in den königlichen Beinamen einfließen zu lassen – ,Sigrid die Sektselige' war noch der freundlichste Vorschlag gewesen.

Die Proklamation der neuen Königin hatte mit den ganzen Zeremonien drumherum lange gedauert, und jetzt, um halb zehn abends, hatte man dem ,Bier für die Herren' und dem ,Sekt für die Damen' schon reichlich zugesprochen. Die Schützen hatten längst ihre Hüte und Jacketts abgelegt, die Schlipse gelockert und saßen hemdsärmelig an den langen Tischen. Aber nicht nur die Kleidung war am dritten Tag des Schützenfestes ziemlich ramponiert.

Die Ehefrauen hatten heute morgen vor der Messe noch ein letztes Mal die dunklen Hosen mit schwarzem Kaffee aufgebürstet. Der Kaffeegeruch, vermischt mit heißem Schweiß und dreitägigen Alkoholdünsten, untermalt von Echt Kölnisch Wasser und Cleopatra Deo hing wie eine feuchte Wolke über allem. Es war stickig, und auch die Ehefrauen hatten mittlerweile ihre Häkelstolen, weiß oder pastellfarben mit Lurexfaden, über die Stuhllehne gehängt. War auch der Krönungsball der alljährliche Höhepunkt des Schützenfestes, so nahm es doch nach drei Tagen ununterbrochenen Feierns keiner im Dorf mit der Etikette mehr so genau. Nur das Königspaar mit seinem Gefolge mußte noch eine halbe Stunde bis zum Fototermin durchhalten.

Sigrid die Segensreiche war gleich nach der Präsidiumssitzung, bei der festgelegt worden war, daß „es" dieses Jahr endlich Gerd sein sollte, zu Raatz nach Wissel gefahren, um sich ein Kleid zu kaufen, mit dem sie alle anderen in den Schatten stellen konnte. Mit der Kreation, die sie trug, war es ihr wahrhaftig gelungen: figurbetont, aus resedagrünem, glänzenden Kunstsatin, bodenlang mit kleiner Schleppe, auf der Brust ein goldgestickter, in reichen Applikationen schillernder Pfau mit roten und grünen Glassteinen.

Der Altbürgermeister von Kleve, der als Ehrengast geladen war, verabschiedete sich soeben mit ausgiebigem Händeschütteln von Wilhelm Verhoeven, dem Ehrenvorsitzenden des

15

1710 e.V. Verhoeven, gestern erst mit der Ehrennadel für 55jährige Vereinstreue ausgezeichnet, blieb stehen, sein Bierglas fest in der Hand, bis der Altbürgermeister im Gewimmel der Tanzenden verschwunden war.

„Na, da trinken wir doch noch ein'. So jung kommen wir nicht mehr zusammen, wat Willi? Prost!" Jemand schlug ihm von hinten auf den Rücken.

„Ja, ja", brummte Wilhelm Verhoeven und setzte sich wieder. Er hatte seinen Sohn im Blickfeld, der zwei Tische weiter gerade die Kellnerin auf seinen Schoß zog.

Peter Verhoevens Gesicht war schon gerötet, die Augen matt.

„Komm her, Toni, mein Schatz", lärmte er und griff der Kellnerin an den tiefen Ausschnitt ihres lila Pullovers.

Sie gackerte und klapste ihm auf die Finger. Die Schützenbrüder am Tisch grölten und rissen ihre Witze.

„Komm mit raus", raunte Peter Toni ins Ohr, aber sie stand auf und zischte: „Spinnst du? Ich hab' zu arbeiten." Dann packte sie ihr Tablett und stakste hüftwackelnd zur Theke zurück.

„Na, dann eben nicht", lallte Peter und machte sich unsicheren Schrittes auf den Weg zum Klo. Als er zurückkam, traf er an der Theke, wo die Rauchwolken am dicksten hingen, all jene, die Doppelkorn- und Kümmerlingrunden dem Tanzvergnügen vorzogen.

„Ach, da haben wir ja unseren Don Schuan", grölte einer. „Sach, hast du dir mal die Weiber von der Mühle genauer angeguckt? Also, die eine von denen, 'n ganz heißes Gerät."

Peter verzog verächtlich den Mund. „Nee, Horst, diese Weiber können mir getrost gestohlen bleiben. Was hab' ich mit Eterik am Hut?"

„Esoterik, lieber Verhoeven, Esoterik." Es war der Pastor, der ihn da korrigierte.

„Sag ich doch", erwiderte Peter betreten. „Die wollen Ihnen wohl ins Handwerk pfuschen, was, Herr Pastor?"

Von hinten tippte ihm Toni auf die Schulter und drängte

sich dicht an ihn heran. „Morgen abend könnt' ich. Wie üblich, ja?" flüsterte sie und wischte mit einem Lappen auf der Theke herum.

Er starrte ihr lange auf die Brüste und grinste schräg. „Bring mir noch'n Bier, Toni."

Die Kapelle spielte einen Tusch, dann gab der Präsident die Bühne frei für „unsere Nelly Böskens, die sich anläßlich unseres 280. Stiftungsfestes ein paar Gedanken gemacht hat."

Nelly Böskens trug ein olivgrün-silbernes Abenddirndl, das traurig an ihrer dürren Gestalt herabhing. Mit kurzen harten Schritten trat sie an das Mikrofon und räusperte sich.

„Ich hab's ihr noch gesagt", wisperte Sigrid die Segensreiche ihrem Nachbarn zu. „So ein Kleid kann man nur tragen, Nelly, sag' ich, wenn man reichlich Holz vor der Hütte hat; wie man so sagt", und sie warf sich so in ihren Satin, daß der Pfau mächtig in Bewegung geriet.

Nelly Böskens begann mit ihrer schrillen, trockenen Stimme: „Epiolog!

Was versteht man denn eigentlich unter Gemeinsinn? Ich meine, jedes einzelne Mitglied des Vereins muß bereit sein, für die Gemeinschaft Opfer zu bringen. Das gute Beispiel und der gute Geist muß aber von oben kommen. Ohne Bestätigung eines guten Geistes und ohne das gute Beispiel der geschäftsführenden Personen wird auch von Gemeinsinn und gemeinnütziger Tätigkeit nicht die Rede sein können. Nur durch das Vorbild der Vereinsleitung wird es möglich sein, in einem solchen Verein gegenseitige brüderliche Gesinnung hervorzurufen, durch welche die Mitglieder in Freude und Leid zusammenstehen, zu gegenseitiger Unterstützung stets bereit sind, und durch welche dann nach allen Richtungen hin der Verein segenbringend für unser Dorf Keeken wird.

Das dankbare Gedenken an unsere Altvorderen soll uns zur vorbildlichen Nacheiferung verpflichten.

Möge die Jugend angeregt werden zu ideellem Einsatz, zur

Pflege der Kameradschaft, zum opferbereiten Bürgersinn, für das Wohl unseres Volkes und Vaterlandes.

Möge der Schützenverein 1710 e.V. für die kommenden Geschlechter, die Bürger unseres Dorfes, eine Pflegestätte der jahrhundertealten Tradition sein.

Liebes Keeken, Heimat voll Behagen, hast mein ganz Geschick von Jugend an getragen."*

Der Saal brach in donnernde Ovationen aus. Nelly Böskens lächelte geziert.

„Unser Nelly, wat Willi, die findet immer die richtigen Worte."

„Doch, die kann wat", brummte Wilhelm Verhoeven. Sein Bruder ließ sich neben ihm auf den Stuhl fallen.

„Wo ist eigentlich Ingeborg?" wollte er wissen.

„Die ist mal ebkes nach Mutter gucken."

„Ist doch Quatsch; die Kinder sind doch zu Hause." Heinrich Verhoeven leerte sein Bierglas.

„Ist 'n schönes Fest dies' Jahr."

„Kann man sagen. Bring uns beiden mal 'n Doppelten, Toni", rief Wilhelm und stand auf. „Ich komm' gleich wieder", nickte er seinem Bruder zu und hinkte auf HERREN zu.

Am Eingang des Schützenhauses drückten sich die Jungschützen vom 1710 e.V. herum. Die älteren unter ihnen fanden es äußerst angenehm, daß der Bimmener Musikverein noch bis Mitternacht dableiben mußte. Der ungewohnte Alkohol hatte sie mutig gemacht, und der eine oder andere verzog sich immer mal wieder mit einer von den jungen Majoretten vom Musikverein nach draußen, wo sie sich dann knutschend an der Hauswand herumdrückten. Den Nieselregen bemerkten sie gar nicht. Ein paar von den Mädchen hatten leicht bläuliche Beine, denn die Faltenröckchen boten wenig Schutz gegen den kalten Wind.

Die jüngeren Schützen, vierzehn- und fünfzehnjährig, be-

---

* Zitiert aus: „Festschrift des Keekener Schützenvereins e.V. 1710-1985"

gnügten sich damit zu rauchen, Bier zu trinken und abfällige Bemerkungen über „die Weiber" zu machen. Gegen halb elf kotzte der erste von ihnen mitten auf den Fußboden.

Toni kam mit Eimer und Aufnehmer und schimpfte: „So 'ne Sauerei! Wenn du nix vertragen kannst, dann sauf' gefälligst nich'. Das wischt du alles selber auf, Freundchen."

Der Junge nickte demütig. Sein Gesicht war kreidebleich und schweißbedeckt. Ungeschickt wischte er unter dem Hohn seiner Schützenbrüder das Malheur weg.

Dann ließ er den Aufnehmer in den Eimer fallen und ging steifbeinig hinaus. Alles grölte.

Um Mitternacht gab der Bimmener Musikverein noch ein letztes Ständchen und zog dann mit einem feierlichen Marsch hinaus.

„Jetzt wirdet erst richtig gemütlich", sagte Heinrich Verhoeven aufgeräumt zu seinem Neffen. „Wie isset, Peter, tanzt du heut' gar nicht mit deiner Frau?"

„Die Dame tanzt nicht mehr mit mir", lallte der Neffe.

„Na, dann woll'n wir ma' noch ein' trinken, Jung."

4

Toppe hatte sich nach seinem ersten Arbeitstag auf einen gemütlichen Abend mit Gabi und dem spanischen Rotwein gefreut. Aber Gabi bügelte und ließ sich auch durch Bitten nicht bewegen.

„Mutter hat nicht *eine* Hose von den Jungs gewaschen. Und du hast auch kein Hemd mehr im Schrank."

Beleidigt hatte Toppe sich in die Badewanne verzogen. Seine Mutter hatte sich, nachdem sein Vater so früh gestorben war, damit über Wasser gehalten, daß sie für die Büdericher Geschäftsleute Wäsche wusch und bügelte. Den Anblick voller Wäschekörbe und den Geruch eingefeuchteter Tischdecken konnte er immer noch nicht gut vertragen.

Er hatte sich Olivers Legoboot mit ins Wasser genommen und ließ es zwischen seinen Knien hindurch zum Wasserkran tuckern.

Der Alte war ein ganz schöner Schleifer. Gleich heute morgen hatte er Toppe zu sich zitiert, ausführlich über die letzten Wochen berichtet und ihm mitgeteilt, welche Aufgaben er zu übernehmen habe.

Unangenehmer Typ, dieser Siegelkötter. In alles steckte er seine Nase rein, wußte immer genauestens Bescheid, die Berichte hatten unverzüglich auf seinem Tisch zu landen, und mindestens zweimal am Tag kam er in ihr Büro und erkundigte sich nach dem Stand der Dinge. Dabei war er völlig humorlos, zugeknöpft bis obenhin. Westfälischer Kantenkopp, hatte Heinrichs gesagt.

Fast sehnte man sich zurück nach dem alten Chef, obwohl der ja nun wirklich ein arroganter Pinsel gewesen war. Aber wenigstens hatte er einem freie Hand gelassen und sich nicht in alles reingehängt. Toppe war gespannt, wie das wohl laufen würde, wenn der erste größere Fall kam, wo er sich nicht mit langen Rapports würde aufhalten können und sich auch nicht jede Maßnahme absegnen lassen würde.

Heinrichs hatte ja nicht schlecht gestaunt, daß er jetzt noch mehr abgenommen hatte. Ganz schön neidisch hatte der geguckt. Der sollte wirklich auch mal was an sich tun; der wog doch bestimmt über zwei Zentner. Daß seiner Frau das nichts ausmachte... Die war doch noch ganz knackig.

Und Astrid würde also jetzt bei ihnen bleiben. Er hatte sich vehement dafür eingesetzt, aber das wußte sie nicht. Zum Glück, sonst käme sie vielleicht auf dumme Gedanken. Sie war einfach ein nettes Mädchen. Ob sie noch mit van Gemmern zusammen war? Sie trug immer noch Miniröcke, so ganz ganz kurze, gestrickte, über diesen modernen schwarzen Strümpfen, wie hießen die doch gleich? Leggings, genau. Na ja, leisten konnte sie's sich wahrhaftig. Wie die ihn angeguckt hatte. Die hatte ihn ja auch schon fast ein Jahr nicht gesehen.

Er fischte schnell das Boot aus dem Wasser und griff sich die Shampooflasche.

5

Das Fest hatte den Höhepunkt längst überschritten. An der Theke klebten noch ein paar standhafte Trinker, an zwei der langen Tische einige unermüdlich Fröhliche; alles in allem vielleicht noch siebzig Leute. Es war deutlich leiser geworden. Die übrig gebliebenen Frauen quietschten bei den schlüpfrigen Witzen nicht mehr ganz so schrill, und die Musik kam nur noch vom Band, das der Wirt seit einer guten Stunde immer wieder umdrehte.

Maria Verhoeven faltete sorgfältig die weißen Damastdekken zusammen, die auf ihrem Tombolatisch gelegen hatten. Dies' Jahr hatten se gut wat eingenommen. Nur der Korb mit Eiern, den Jüppken Tenbuckelt gestiftet hatte, war noch nicht abgeholt worden. Wat solltet. Sie würd' sich ma' langsam auf den Weg machen; die halbe Nacht an dem Tisch stehen; man war ja nich' mehr die Jüngste. Hein würd' wohl auch bald komm'.

Er stand an der Ecke der Theke, die dem Ausgang am nächsten war, ein halbleeres Bierglas vor sich, das irgendjemand stehengelassen hatte. Keiner merkte, daß er nichts trank.

Das Schulterklopfen seiner Nachbarn nahm er hin, lachte auch manchmal laut über die Dönekes und Witze, sagte „Ja, ja", „so isset" und „so wat, nee!"

Von hier aus konnte er den ganzen Saal gut überblicken, hatte alles Kommen und Gehen im Auge. Er zündete sich noch eine Zigarette an und verstaute die Packung und das Feuerzeug wieder sorgfältig in seiner Hemdtasche.

Ingeborg Verhoeven legte ihrem Schwiegervater bedeutsam die Hand auf die Schulter. „Komm, Vatter, du hast genug."

Er drehte sich langsam um und sah sie aus rotgeränderten Augen an. „Wieviele Jahre isset jetz' her", fragte er.

Ingeborg wurde flammendrot, aber sie senkte ihren Blick nicht.

„Ich geh' jetz'", wandte sich Wilhelm Verhoeven seinem Bruder zu. Heinrich nickte ausdauernd.

„Wo is' mein Mia?" wollte er wissen.

„Die ist schon gegangen, Onkel Hein."

„Na, dann isset ja gut. Is' ja auch Zeit", brummte er und griff sein Glas.

„Paß auf, Vatter", Ingeborg faßte Wilhelms Ellbogen, aber er schüttelte sie ab.

„Mein Lebtach hat mich noch kein Mensch nach Bett bringen brauchen."

Er hinkte steif und mit geradem Rücken zum Kopf der langen Tafel.

„Wohin denn so eilig, Willi?" Der Pastor hatte dort seit Jahren seinen Stammplatz. Trotz seiner kleinen Unsicherheit beim ‚s' und ‚l' hatte er nichts von seiner Würde eingebüßt.

„Komm Willi, trink noch einen mit."

„Nix da!" dröhnte Verhoeven. „Ich weiß, wann ich genuch hab'. Jetz' is' Sabbat. Ich geh'!" Und dann wankte er, den Blick stier auf die Tür gerichtet, zum Ende des Saales.

„Nu' wart' doch, Vatter", rief Ingeborg ihm nach. Sie hatte ihre liebe Mühe mit Onkel Hein, der sich nicht in sein Jackett helfen lassen wollte, allein aber den zweiten Ärmel nicht fand. „Wech, Kind, dat macht Hein immer selber. Wär' doch gelacht!"

Er drückte schnell seine Zigarette aus und nickte seinem Nachbarn zur Linken kurz zu.

„Wat is, Mann? Musse schon nach Mutti hin? Ab inne Heia?" rief der ihm nach. Aber er war schon an der Garderobe,

nahm seine Jacke, die er an den Haken ganz rechts außen gehängt hatte, und zog sie im Hinausgehen über.

Leichtfüßig, lautlos eilte er durch das dunkle Dorf. Nur
vom Schützenhaus konnte man gedämpft Gelächter hören,
sonst war alles totenstill. Der Nieselregen war dichter geworden und legte sich wie ein Film auf seine Haut. Im Schatten des Ehrenmals hastete er an der alten Schule vorbei. Als er
um die Kirche herum auf den Friedhof lief, traf ihn der kalte
Westwind hart ins Gesicht. Leise bewegte er sich am Rande
der weißen Kieswege entlang, bis er seinen Platz erreicht hatte. Dann wartete er.

„So, Vatter, nu' komm", Ingeborg hatte Wilhelm endlich ein-
geholt.

„Ich geh' noch ma' ebkes pinkeln."

Ingeborg seufzte laut. Der Onkel hing an ihrem Arm und
plapperte munter vor sich hin. Sie hatte Kopfschmerzen.

„Beil dich, Vatter, wir warten draußen auf dich."

Er sah sie kommen. Der Alte schwankte schwer. Der andere,
ein paar Meter dahinter, am Arm der Frau, war genauso unsicher auf den Beinen. In einiger Entfernung kamen noch welche, er konnte ihr Lachen und Singen hören.

Jetzt öffnete die Frau das Törchen. Wenn sie unter der Laterne waren… jetzt.

Das Geräusch des Schusses nahm er nicht wahr; er sah, wie
der Mann vornüberfiel und liegenblieb.

Gebückt hastete er über den schwarzen Friedhof; hörte
nicht das grelle Schreien der Frau, das Rufen der anderen, ach-
tete nur genau darauf, daß er dem Kies auswich, kein Geräusch machte, nicht in den Lichtkreis der Laterne an der Ecke
geriet.

Mit einem Satz nahm er die hohe Buchsbaumhecke, lief
noch sechs, sieben große Schritte über unsicheres Gelände,

spürte den Herzschlag am Hals und bog dann in die schwarze Finsternis des Feldwegs ein.

6

Die Kollegen von der Einsatzzentrale hatten Toppe den Weg nach Keeken genau beschrieben, aber durch den Regen entdeckte er das Hinweisschild erst im allerletzten Moment. Fluchend bremste er, setzte ein paar Meter zurück und bog nach links ins Dorf ab.

Er war noch nicht richtig wach. Irgendwie hatte er immer noch seinen Urlaubsrhythmus, war erst um eins im Bett gewesen, und das Telefon hatte ihn aus dem ersten Tiefschlaf gerissen.

Er solle einfach ins Dorf reinfahren, hatte ihm der Kollege gesagt, den Friedhof könne er gar nicht verfehlen. Die Straße schlängelte sich an einem großen, weißen Gebäude vorbei, das hell erleuchtet war. Toppe bremste und kurbelte das Fenster herunter.

Die Doppeltür war weit geöffnet, aber er konnte keine Menschenseele entdecken. Tony Marshall sang ‚Schöne Maid'.

Als er um die nächste Kurve bog, sah er schon den Notarztwagen und das Polizeiauto mit aufgeblendeten Scheinwerfern. Er fuhr an den linken Straßenrand und stellte den Wagen vor einem großen, hohen Steinklotz ab. Es war nicht eindeutig, ob das hier ein großer Platz oder nur eine Kreuzung war. Der Straßenverlauf war in der Dunkelheit ziemlich undeutlich.

Der Steinklotz entpuppte sich als Denkmal. *Die Gemeinde Keeken ihren gefallenen Söhnen*, las er. Hinter ihm bremste ein Wagen. Es war Astrid. Er hatte sie noch von zu Hause aus verständigt.

„Morgen", brummte er. Der Regen lief ihm den Nacken herunter. Er schlug den Kragen seines neuen Trenchcoats hoch.

24

„Hallo", lächelte sie. Sie schien ganz ausgeschlafen.

Schweigend gingen sie nebeneinander an einem breiten, zweigeschossigen Backsteinhaus vorbei auf die Kirche zu. An der Hecke um den ganzen Friedhof herum standen Menschen, die gespannt das Treiben beobachteten. Einige hatten sich nur ihren Mantel über den Schlafanzug gezogen und Pantoffeln an den Füßen. Es schüttete aus der niedrigen Wolkendecke, aber das schien sie alle nicht zu stören.

Schon von weitem hörte er Berns, den Chef vom Erkennungsdienst brüllen: „Ich brauch' mehr Licht, verdammte Hakke!"

„Morgen, Herr Toppe", der Kollege von der Schutzpolizei tippte sich an den Mützenschirm und hielt ihnen das Törchen auf.

Der Tote lag auf dem Kiesweg, der parallel zur Kirche verlief.

Berns redete auf den Polizeifotografen ein. Weiter hinten auf dem Weg hockte van Gemmern, der zweite ED-Mann, und stocherte in der Erde herum. Der Notarzt schloß gerade seine Tasche; Toppe sah ihn fragend an. „Und?"

„Schußverletzung. Sieht so aus, als sei die Kugel direkt ins Herz gegangen. Er war wohl sofort tot."

Astrid war zu van Gemmern rübergegangen und hatte sich neben ihn gehockt. „Hey, du."

„Scheiß Regen", gab er nur zurück, ohne aufzublicken. Sie kniff die Lippen zusammen.

Berns kam, als er Toppe entdeckte, sofort herüber. „Wenn's so weitergießt, ist aber Essig mit Spuren, das sag' ich Ihnen gleich." Toppe antwortete nicht, er kannte Berns lange genug, sondern ging zurück zu dem Beamten von der Schutzpolizei.

„Wer ist der Tote, und wie ist es passiert?"

„Also, der Mann heißt Heinrich Verhoeven, ist siebzig Jahre alt und hat die Bäckerei hier. Er war auf dem Rückweg vom Schützenfest, als er erschossen wurde."

„Zeugen?"

„Ja. Sein Bruder und dessen Schwiegertochter waren bei ihm und…"

„Und ich, Herr Kommissar", sagte ein Mann an der Hecke hinter ihm.

Toppe drehte sich um.

„Bongartz", stellte der Mann sich vor. Er hatte eine Fahne und war ein Kollege von der Polizeidienststelle in Rindern, die auch für die umliegenden Dörfer zuständig war.

„Ich war privat hier. Ich komm' nämlich gebürtig aus Keeken, müssen Sie wissen. Und wenn hier Schützenfest ist, hab' ich immer dienstfrei."

„Was ist passiert?"

„Ich war so fuffzich, sechzich Meter hinter den Verhoevens, mit meinem Freund Tebartz; das ist der Küster hier. Bei dem übernachte ich schon mal, wenn ich was getrunken habe."

Der Regen hatte den Mann völlig durchnäßt und lief ihm von den strähnigen Haaren herunter über das Gesicht. Er wischte sich die Stirn.

„Wir gehen also hinter denen und ich sag' noch: ‚Die arme Ingeborg', die beiden Alten hatten nämlich gut getankt, und da hör' ich den Schuß. Sehen konnte ich nichts wegen der hohen Hecke. Aber ich höre die Ingeborg schreien und renne los, und da liegt der Heinrich mit dem Gesicht nach vorne auf dem Weg. Und ich frage: ‚Von wo kam der Schuß?', aber die Ingeborg schreit nur. Und ich gucke mir an, wie Heinrich da liegt, und ich mein' auch, ich hätte was gehört, und dann bin ich hier in die Richtung gelaufen. Aber dann war nichts mehr zu hören, und sehen konnte ich auch nichts. Und dann kamen auch schon alle angelaufen. Ich habe dafür gesorgt, daß hier keiner auf den Friedhof kommt, damit nicht alles zertrampelt wird."

Toppe nickte. „Außer Ihnen, dem Küster und den Verhoevens ist also nach dem Schuß keiner auf dem Friedhof gewesen, bis die Polizei kam?"

„Nee, keiner, das kann ich beschwören. Ich bin zwar nicht ganz nüchtern, aber mein Einmaleins hab' ich drin."

„Wo sind die anderen Zeugen?"

„In der Kirche."

Toppe stutzte.

„Wir konnten die doch nicht hier draußen im Regen lassen. Tebartz hat die Kirche aufgeschlossen und sitzt jetzt bei den beiden da drin."

„Schützenfest war heute, sagten Sie?"

„Ja, der letzte Tag; Krönungsball. Da wären übrigens noch ein paar Leute, die was Verdächtiges gesehen oder gehört haben."

Toppe überlegte. Es war immer ratsam, möglichst sofort mit den Zeugen zu sprechen, bevor ihre Phantasie die Lücken ihrer Beobachtungen füllte.

Bongartz bot an, mit den Leuten im Schützenhaus zu warten. Toppe schickte den Polizeibeamten mit.

Astrid, die jetzt wieder neben ihm stand, lugte unter ihrer Kapuze hervor. „Soll ich nicht mitgehen und schon mal mit der Befragung beginnen?"

Sie sah aus wie ein kleines Mädchen.

„Nein, kommen Sie lieber mit mir."

Toppe öffnete die schwere Kirchentür und kniff suchend die Augen zusammen. Nur die Lampe am Eingang war eingeschaltet, und auf dem Altar brannten zwei Kerzen.

Sie hockten in der ersten Bank. Der Mann, der außen saß, sprang sofort auf und kam ihnen entgegen geeilt.

„Tebartz", sagte er. „Ich bin der Küster."

„Toppe. Könnten Sie wohl etwas mehr Licht machen?"

„Aber selbstverständlich." Er ging zur Tür.

„Und dann können Sie sich schon mal mit meiner Kollegin hier unterhalten."

Astrid setzte sich mit ihm in die letzte Bank. Toppe hörte sie murmeln. Er ging auf die Frau und den alten Mann zu, die beide unbeweglich nach vorn starrten.

„Guten Morgen", sagte er leise. „Mein Name ist Toppe. Ich bin der zuständige Kriminalbeamte."

„Guten Morgen", antwortete die Frau undeutlich.

Der alte Mann sagte nichts; er sah nicht einmal auf.

Die Frau war Anfang bis Mitte Vierzig und sehr zierlich. In dem Halbdunkel konnte er ihre Gesichtszüge kaum erkennen.

„Sie sind…" Toppe wartete.

„Ich bin Ingeborg Verhoeven. Das ist mein Schwiegervater."

„Was ist passiert, Frau Verhoeven?" Toppe ließ sich ruhig neben ihr auf der Bank nieder.

Sie holte tief Luft und er sah, daß sie zitterte. „Ja, also ich wollte meinen Schwiegervater und meinen Onkel vom Krönungsball nach Hause bringen."

„Ihr Heimweg führt über den Friedhof?"

„Das ist am kürzesten."

„Erzählen Sie."

Sie suchte lange nach Worten, und Toppe ließ ihr Zeit.

„Wir kommen gerade auf den Friedhof, da knallt es plötzlich, und Onkel Hein kippt um. Ich wußte erst gar nicht…"

„Von wo kam der Schuß?"

„Von vorne irgendwo."

„Haben Sie den Schützen gesehen?"

„Nein, wir waren doch unter der Laterne."

„Haben Sie etwas gehört?"

„Nein, ich weiß nicht, ich glaub'… ich hab' geschrien, und dann kam schon Bongartz, ich weiß nicht."

„Und Sie, Herr Verhoeven?"

„Mmmh?" Der Alte sah jetzt hoch. Seine Augen waren blutunterlaufen.

„Haben Sie etwas gesehen oder gehört?"

„Nix", stieß er hervor. Sein Atem war eine einzige Bierwolke.

Die Kirchentür wurde aufgerissen.

„Ist hier irgendwo 'ne Steckdose?" rief ein Polizist herein.

„Ja, mehrere." Der Küster unterbrach sein Gespräch mit Astrid.

Toppe wandte sich wieder dem Alten zu.

„Lassen Sie ihn doch", Ingeborg Verhoeven nahm den Arm des Schwiegervaters. „Er kriegt sowieso nichts mehr mit."

„Wenn ihr eins von diesen Fenstern aufmacht, können wir mit dem Kabel von hier aus durch", brüllte ein Beamter von draußen.

Toppe seufzte.

„Nix, gar nix", lallte der Alte.

„Frau Verhoeven, wer könnte Ihren Onkel getötet haben?"

Er sah, wie ihr die Tränen in die Augen schossen. „Das weiß ich doch nicht", weinte sie. „Der hat doch keiner Fliege was zuleide getan."

„Ist Ihnen heute abend oder in den letzten Tagen irgendetwas aufgefallen, was mit der Tat zu tun haben könnte?"

Aber sie schluchzte nur noch und schüttelte den Kopf.

Toppe stand auf und legte ihr kurz die Hand auf die zuckende Schulter.

„Sie können nach Hause gehen. Wir unterhalten uns morgen noch mal."

Sie stand auf und zog den Alten mit sich hoch, aber der sackte sofort wieder zusammen und rutschte halb von der Bank. Der Küster eilte beflissen herbei.

„Ich mach' das schon, Herr Kommissar."

Astrid wartete an der Tür. „Und? Haben Sie was rausgekriegt?"

„Nix, gar nix", knurrte Toppe.

„Ich auch nicht."

Berns schwirrte wie eine dicke Hummel zwischen den Gräbern herum. Er ließ sich nur ungern stören. Unwirsch und aufgeblasen wie immer gab er ein paar knappe Auskünfte: „Nach Lage des Toten und Einschußstelle muß der Schuß von da drüben abgegeben worden sein." Er zeigte auf eine Familiengrabstätte mit einem enormen Grabstein.

„Fußspuren?"

„Ein paar. Aber der Scheißregen. Bis jetzt haben wir noch nichts Verwertbares."

„Machen Sie auf jeden Fall weiter. Bis morgen ist bestimmt alles weggespült."

„Ich wollte eigentlich bis nach Weihnachten warten", gab Berns giftig zurück und war schon wieder weg.

„Arschloch", zischte Toppe. Astrid lachte leise.

7

Gegen sieben Uhr morgens hatten sie endlich alle Bürger vernommen, die etwas gesehen oder gehört haben wollten. Sie hatten sich kurz mit dem Staatsanwalt unterhalten, der über seinen nächtlichen Einsatz begreiflicherweise wenig begeistert und schnell wieder verschwunden war. Und sie waren bei Heinrich Verhoeven zu Hause gewesen, um mit seiner Frau zu sprechen, aber der Arzt hatte sie nicht zu ihr gelassen. Jetzt waren sie müde und froren. Die Heizung im Schützenhaus hatte der Wirt schon um Mitternacht abgeschaltet. Er war gegen drei ins Bett gegangen, aber seine Frau hatte ihnen noch zwei Thermoskannen mit Kaffee hingestellt.

In ihren klammen Kleidern und nassen Schuhen saßen Astrid und Toppe jetzt am Tisch und wärmten ihre Hände an den Kaffeetassen. Nur Bongartz war noch bei ihnen.

Astrid schwirrte der Kopf. Sie hatte mit neun Leuten gesprochen, sich alles sorgfältig aufgeschrieben, aber jetzt, wo sie sich ihre Notizen durchsah, ergaben sie keinen Sinn und Zusammenhang.

„Wundern Sie sich nicht", meinte Toppe nur. „Je mehr Zeugen da sind, um so widersprüchlicher sind die Sachen, die wir zu hören kriegen."

„Zeugen! Keiner von denen war doch wirklich direkt dabei."

„Trotzdem kann immer was Wichtiges darunter sein. Wir gucken uns das heute mittag mal in Ruhe durch."

Dann wandte er sich an Bongartz. „Sie kommen doch hier aus dem Dorf. Wie gut kennen Sie die Familie Verhoeven?"

„Gut. Hier kennt jeder jeden gut. Sind ja auch nur knappe 650 Leute, die hier wohnen. Aber ich weiß schon, was Sie fragen wollen. Wer wohl den Hein Verhoeven umbringen wollte. Aus dem Dorf keiner, Toppe, das können Sie mir glauben. Ich wüßt' nicht, wer. Der Hein Verhoeven, dat wass ne guje Kerl, wie man hier sagt, eine Seele von Mensch. Überhaupt, die ganze Familie ist schwer in Ordnung."

„Ihm gehört die Bäckerei?"

„Nein, nicht mehr. Die hat der Sohn Klaus vor ein paar Jahren übernommen. Aber der Hein ist immer noch mit seinem Lieferwagen über Land gefahren. Nicht, daß sie's nötig hätten, aber er kam immer gern unter die Leute. Und seine Frau, die Mia, die steht noch jeden Tag unten im Laden und verkauft."

„Eine Menge Verhoevens. Wohnen die alle in dem Haus?"

„Nee, nee, der Klaus hat an der Post neu gebaut."

„Und was ist mit dem Bruder, dem Tatzeugen? Die hatten doch denselben Heimweg."

„Nein, der wohnt da nur, wenn Schützenfest ist. Der hat ja die schwerkranke Frau, um die sich immer einer kümmern muß. Während der Festtage macht das die Mia oder die Schwiegertochter, die Ingeborg. Die hadet ja auch nicht leicht, die Frau... Nee, nee, der Wilhelm Verhoeven, der wohnt direkt an der Grenze. Der hat doch damals den großen Hof vom Vater übernommen."

Toppe war deutlich verwirrt.

„Ich kann nicht behaupten, daß ich die Familienverhältnisse ganz durchschaue."

Bongartz lachte. „Ist nicht so schwer."

Aber Toppe konnte kaum noch seine Augen offenhalten.

„Na ja, ich werde wohl heute nachmittag mal versuchen, mit dieser ganzen Familie zu reden."

„Und ich will mich mal umhören, ob es in letzter Zeit irgendwelchen Ärger beim Hein gegeben hat. Aber, wie gesagt, ich wüßt' von nix. Und für'n Mord, nein, kann ich mir nicht vorstellen."

„Ich hab' eben gehört, daß hier viele Leute von außerhalb wohnen", mischte sich Astrid ins Gespräch.

Bongartz nickte. Sein Gesichtsausdruck war schwer zu deuten. „Einige. Es gibt ja immer mehr, die aus dem Ruhrpott raus wollen. Sind aber wohl alles ordentliche, ruhige Leute. Man hat ja nicht so viel mit denen zu tun. Ein paar sind auch nur am Wochenende hier."

Toppe merkte, daß er nicht mehr aufnahmefähig war. Bongartz' Worte drangen wie durch Watte an sein Ohr. Es hatte keinen Sinn mehr. Erstaunlich, wie fit Bongartz noch war. Er mußte über fünfzig sein, ein gutes Stück älter als er selbst; außerdem war er vorhin noch ganz schön angetrunken gewesen. Toppe streckte sich und stand auf. „Vielen Dank erst mal, Herr Bongartz. Ich melde mich sicher wieder bei Ihnen. Sie können uns bestimmt noch weiterhelfen."

„Ist doch klar", sagte Bongartz nur. Seine Sachlichkeit gefiel Toppe. Wahrscheinlich konnte ihm Bongartz eine Hilfe sein, wenn es darum ging, so einen Dorfklüngel, mit dem er selbst noch nie zu tun gehabt hatte, zu durchschauen. Es war angenehm, daß er nicht den beflissenen Übereifer an den Tag legte, der einem sonst oft bei unmittelbaren Tatzeugen begegnete.

Als sie nach draußen kamen, hatte es endlich aufgehört zu regnen, aber der Himmel war dick bewölkt, und es wollte nicht so recht hell werden. Sie gingen langsam zu ihren Autos, und Bongartz verabschiedete sich. Vom Friedhof her leuchteten ihnen die grellen Scheinwerfer entgegen, die die Polizei aufgestellt hatte. Der Erkennungsdienst war also immer noch bei der Arbeit.

Astrid gähnte ausgiebig. „Ich wüßte ja wohl, was ich jetzt am liebsten täte."

„Dasselbe wie ich, nehme ich an", antwortete Toppe, aber er gab sich einen Ruck. „Ich gehe noch mal zu Berns rüber. Vielleicht haben die ja inzwischen was Brauchbares. Sie können ruhig schon mal fahren. Legen Sie sich ein paar Stunden hin. Wir treffen uns um zwölf im Büro."

„Prima", sagte sie nur und stieg in ihr Auto. „Bis gleich."

Ein paar Minuten später fuhr auch Toppe nach Hause. Die Straße zog sich in langen Kurven mitten durch die Felder; nur hie und da sah man ein Gehöft liegen, links hinter dem Deich in der Ferne tuckerten die Rheinschiffe. Es war ein grauer Niederrheinmorgen. Der Himmel hing so tief, daß man nur ahnen konnte, wo am Horizont die Felder aufhörten und die Wolken begannen. Toppe hatte hier oft Tage wie diesen erlebt. Er mochte es eigentlich gern, das diffuse Licht, die matten Farben, die kahle Weite, aber heute deprimierte es ihn.

Zu Hause war alles still; die Kinder waren schon zur Schule gegangen, Gabi in der Praxis. Müde zog er sich die nassen Schuhe aus und ging ins Bad, um heiß zu duschen. Wohl zum hundertsten Mal fragte er sich, ob die Entscheidung, dieses Haus zu bauen, richtig gewesen war. Er hatte immer öfter das Gefühl, es drücke ihm die Luft ab. Es war nicht allein die finanzielle Belastung in den nächsten fünfundzwanzig Jahren, vielmehr war ihm oft so, als sei nun alles vorbei, alles geordnet und klar, der Weg immer geradeaus bis zum Tod. Er hatte einmal versucht, mit Gabi darüber zu sprechen, aber sie schien ihn überhaupt nicht zu verstehen; sie war sauer geworden, hatte sich persönlich angegriffen gefühlt, was er nicht verstand.

Heute morgen kam es ihm so vor, als läge der Urlaub schon Wochen zurück. Jetzt steckte er schon wieder in der Tretmühle, alles würde in steter Gleichförmigkeit verlaufen: Ein neuer Mordfall, der ihn vielleicht wieder für Wochen völlig beanspruchen und von allem anderen isolieren würde. Und wenn er dann mal Zeit hatte, mit Gabi zusammen zu sein, dann würden sie fernsehen und sich nichts zu sagen haben. Er erschrak. Das war ein böser Gedanke. Und es stimmte ja auch gar nicht. Er war nur übermüdet und deprimiert, ein wenig selbstmitleidig. Alles, was er brauchte, waren ein paar Stunden Schlaf. Aber er kam nicht recht zur Ruhe, wanderte durchs Haus und ertappte sich schließlich dabei, daß er im Kühlschrank nach etwas Eßbarem suchte. Entschlossen knallte er die Tür wieder zu. Mit dieser Frustfresserei hatte er doch endgültig aufgehört.

Im Präsidium traf er schon auf dem Flur seinen Chef.

„Ich habe Sie heute morgen vermißt, Herr Toppe", sagte er ohne Begrüßung. Er sprach wie immer abgehackt und zu leise.

„Beim Morgenappell", dachte Toppe, aber er erklärte ganz ruhig.

Der Chef ging mit keiner Miene darauf ein, er sah nur kurz auf seine Armbanduhr. „Um zwei Uhr hätte ich gern Ihren Bericht."

Toppe riß sich zusammen. „Selbstverständlich, Herr Siegelkötter."

Breitenegger war allein in ihrem Büro. „Warst du schon beim Stasi?" fragte er freundlich, als Toppe sich an seinen Schreibtisch gesetzt hatte.

„Stasi?"

„Stanislaus Siegelkötter, der Allgegenwärtige. Hat schon zweimal nach dir gefragt."

8

Toppe saß über seinem Bericht und wartete auf die Ergebnisse der Pathologie und des Erkennungsdienstes.

Die energiegeladene Fröhlichkeit, die Heinrichs und Breitenegger an den Tag legten, die laute Zuversicht, mit der sie Phantombilder hin- und herschoben und Listen von Ladenbesitzern erstellten, all das ging Toppe schrecklich auf die Nerven.

Astrid war schon dabei, ihren Bericht in die Maschine zu tippen; auch sie sah frisch und wach aus. Anscheinend war er der einzige hier, der schlechtgelaunt und müde war.

Heinrichs konnte es sich nicht verkneifen, ihn auch noch aufzuziehen:

„Eure Ergebnisse sind ja wohl noch ein bißchen karg, was?"

„Komm, nerv' mich heute bloß nicht", brauste Toppe auf und ärgerte sich im nächsten Moment schon darüber. „Ihr sitzt doch auch schon seit Wochen an eurem Motorradfall."

„Nun mal halblang, Helmut", beschwichtigte ihn Breitenegger, „was ist denn heute mit dir los? Wenn unser Fall so einfach wäre, hätten wir den Täter wohl längst geschnappt, oder?"

„Dieser Look kriegt immer noch nichts auf die Reihe." Für Heinrichs war die Situation schon wieder erledigt. „Der muß ganz schön eins auf die Birne gekriegt haben. Gestern faselte er was von einem Aufkleber auf dem Motorrad, aber er erinnert sich nicht mehr, was das für einer war."

„Was muß der auch wie Rambo durch die Stadt fegen und Einsatz in Manhattan spielen? Wenn er bloß nicht Elsas Busen beschädigt hat, sonst wird da draus noch ein Haftpflichtfall", antwortete Breitenegger.

„Der kriegt sowieso eine Beschwerde an den Hals", Heinrichs freute sich. „Ich für meinen Teil hab' gar nichts dagegen. Trotzdem müssen wir uns den warmhalten. Es könnt' ihm ja noch was einfallen, wenn er nicht mehr ganz so durch den Wind ist."

Dann drehte er sich wieder zu Toppe um: „Ich weiß nich', Helmut, ich weiß nich', irgendwie klebt ja das Böse an dir. Wochenlang hatten wir hier nicht mal mehr einen Totschlag. Kaum bist du aus dem Urlaub zurück, passiert wieder ein Mord."

Diesmal riß Toppe sich zusammen. „Mir ist ehrlich nicht

nach Witzen, Walter. Dieser ganze Verhoeven-Clan liegt mir im Magen. Jetzt lassen Sie uns mal gucken, Astrid, wie die alle zusammenhängen. Die Tatzeugin, diese Ingeborg Verhoeven…"

„Das ist die Schwiegertochter vom Toten", nickte Astrid.

„Nein, nein, das ist die Schwiegertochter vom Bruder."

„Moment, jetzt mal ganz langsam", Astrid nahm sich ein Blatt zur Hilfe. „Das Opfer heißt Heinrich Verhoeven und war der Bäcker im Dorf. So. Und der war verheiratet mit der Frau, zu der uns der Doktor nicht lassen wollte."

Toppe nickte. „Mia Verhoeven, ja."

„Und wer war der Mann, der da beim Doktor war? Der hieß doch auch Verhoeven. War das der Sohn, der die Bäckerei übernommen hat?"

„Nein, der heißt Klaus. Der Mann beim Doktor war Peter Verhoeven, der Mann von Ingeborg und der Neffe des Toten."

Astrid stutzte.

„Na, der Sohn von Wilhelm, dem Bauern", meinte Toppe.

Heinrichs, der die ganze Zeit glucksend zugehört hatte, lachte jetzt laut auf. „Ist doch alles ganz einfach, Astrid: Henry, the baker und William, the farmer." Er verstummte mit einer betont devoten Geste, als er Toppes Gesicht sah.

Schließlich hatte Astrid ihren Zettel fertig:

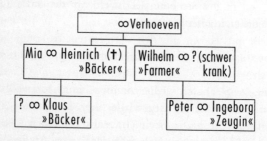

Der Pathologe rief an, als Toppe gerade das letzte Blatt seines

Berichts aus der Maschine zog. Er war mit Dr. Bonhoeffer befreundet.

„Was bist du denn heute so kurz ab, Helmut. Ist was?"

„Ach, ich hab' bloß schlechte Laune, glaub' ich. Schieß mal los."

„Das richtige Stichwort. Gut, mach ich's kurz: ein Einschuß direkt ins Herz, die Kugel steckte. Sie stammt, wie mir Düsseldorf gerade mitteilt, aus einer Smith and Wesson 357 Magnum. Entfernung des Schützen ca. 8 bis 10 Meter. Der Schuß kam direkt von vorne, ganz leicht schräg von unten. Vielleicht saß der Täter in der Hocke."

„Smith and Wesson? Das ist selten."

„Tja, da kenne ich mich nicht so aus. Der Tote war übrigens volltrunken, 3,0 Promille. Willst du noch etwas über den Mageninhalt wissen?"

„Nein, ich glaube, einstweilen reicht mir das. Danke."

„Da müssen wir jetzt wohl die Waffengeschäfte abklappern und Waffenscheine überprüfen", überlegte Astrid, als Toppe aufgelegt hatte.

„Das gehört zur Routine. Obwohl die Waffe natürlich nicht legal erworben und eingetragen sein wird." Toppe unterdrückte ein Gähnen.

„Soll ich uns einen Kaffee holen?" Astrid schob ihren Stuhl zurück.

„Ja, und fragen Sie beim ED nach, ob wir endlich deren Bericht haben können."

Der Täter hatte sich offensichtlich hinter einem Grabstein versteckt gehalten, 9,60 m vom Opfer entfernt. Das Grab war zertrampelt. Sie hatten jedoch keinen brauchbaren Abdruck nehmen können, da der Regen alles weggespült oder zumindest aufgeweicht hatte. Vom Grab aus führten undeutliche Spuren zur Hecke am Seiteneingang der Kirche. An dieser Stelle waren einzelne Zweige der Hecke abgeknickt; man konnte also vermuten, daß der Täter den Friedhof auf diesem Weg verlassen hatte. Rund um den Friedhof, gleich an der Hecke entlang führte ein Kiesweg, und es war deshalb unmöglich zu sagen, in welche Richtung der Täter geflüchtet war. Eine Patronenhülse hatte man nicht gefunden. Der Täter hatte einen guten Platz gewählt: Das Opfer war direkt unter der Laterne gewesen, während es im Bereich des Grabes, begünstigt durch die vielen Zypressen auf den umliegenden Gräbern, sehr dunkel gewesen war.

Toppe hatte zwei Kaffee getrunken und war eine Weile im Büro hin und her gewandert. Er fühlte sich jetzt zwar ein bißchen wacher, aber seine Laune hatte sich nicht einen Deut gebessert.

„Ich bringe dem Chef jetzt die Berichte, und dann fahren wir nach Keeken. Es ist mir bloß völlig schleierhaft, wie wir den Fall zu zweit bearbeiten sollen. Nicht mal einen Aktenführer haben wir."

„Schau mich nicht so giftig an, Helmut", grinste Breitenegger, der sonst immer die Aktenführung übernahm. „Ich kann nichts für diese Einteilung."

„Ackermann kannst du dir diesmal übrigens auch nicht zuteilen lassen. Der ist im Osten", mischte sich Heinrichs wieder ein.

„Ackermann?"

„Ja, im Osten, als Berater im Bereich Einbruch und Bankraub."

„Ackermann!" prustete Toppe. „Ausgerechnet! Da haben sie gerade den richtigen ausgeguckt."

„Na, endlich lachst du mal."

In Astrids Wagen fuhren sie nach Keeken. Sie schlug vor, sich die Leute, die sie vernehmen wollten, aufzuteilen, und erzählte ihm von den Aussagen, die sie in der letzten Nacht aufgenommen hatte. Ihr Enthusiasmus tat ihm gut, und er war auf einmal ganz froh darüber, daß sie jetzt sein Partner war und nicht einer von den alten Hasen, die mit den Jahren immer zynischer wurden; genauso wie er selbst, abgeklärt, zynisch und müde.

Sie parkten den Wagen wieder am Kriegerdenkmal und gingen langsam in Richtung Kirche. Der Dorfkern hier war wie aus einem naiven Bilderbuch. Ganz eng standen die roten alten Backsteinhäuser zusammen, nur getrennt durch schmale Straßen, Fußwege und Vorgärten. Vereinzelt gab es uralte große Blutbuchen und Roßkastanien.

Hier konnte jeder jedem ins Haus gucken, vermutlich hingen deshalb überall dichte Gardinen an den Fenstern, Wolkenstores mit sorgfältig gelegten Falten. Kein Mensch war zu sehen, aber sie wurden beobachtet; die Gardinen bewegten sich, und manchmal sahen sie einen Schatten weghuschen, wenn sie aufblickten. Die Gärten hatten scharf geschnittene Liguster- und Buchsbaumhecken, die Wege waren wie mit dem Lineal gezogen und mit Waschbetonplatten ausgelegt. Es gab bajuwarisch anmutende Lauben; in Kübeln, lackierten Waschmaschinen und ausgedienten Schubkarren blühten noch ein paar ordentliche Geranien und Tagetes. Sie gingen über den kleinen Friedhof. Jemand hatte schon alle Spuren des nächtlichen Polizeibesuchs beseitigt; die Wege zwischen den Gräbern waren ganz frisch geharkt. Die kleine Backsteinkirche war sicher weit über dreihundert Jahre alt, aber die Fenster sahen nagelneu aus. Ob die Leute im Dorf wohl dafür gesammelt hatten?

Am hinteren Ende des Friedhofs bogen sie nach links ab. Gegenüber vom Törchen lag ein großer Garten, der sich völlig von den anderen unterschied. Hier gab es Gemüsebeete, die Wege waren zugewuchert mit Cosmea und Ringelblumen, und zwischen den Johannisbeerbüschen konnte man ein Frühbeet erkennen. An einer breiten Dahlienhecke hingen noch ein paar nasse Blüten, und die Sonnenblumen hatten dicke Fruchtstände.

„Schön", sagte Astrid. „Der gehört sicher zu dem Haus hier."

„Das muß früher mal das Pfarrhaus gewesen sein", vermutete Toppe, „es ist das nächste an der Kirche."

„Jetzt aber bestimmt nicht mehr." Astrid zeigte auf die Fenster. Sie hatten keine Gardinen, dort standen Ficusbäume und Yuccas, und eine Friedenstaube klebte an der Scheibe.

Astrid lief rasch die Stufen zur Haustür hinauf und sah sich das Klingelschild an. „Das muß eine Wohngemeinschaft sein", sagte sie und: „Hier würd' ich auch gern wohnen."

„Haben Sie denn immer noch keine Wohnung gefunden?"

„Nein. Ich glaub', am Anfang war ich einfach zu wählerisch, und im Augenblick kriegt man ja überhaupt nichts mehr. Die ganzen Aus-, Um- und Übersiedler." Sie kaute an ihrer Unterlippe und sah ihn an. „Ich wollte auch gern mit Klaus zusammenziehen."

„Van Gemmern? Sind Sie immer noch zusammen?"

„Mehr oder weniger. Er ist sich nicht sicher."

Toppe runzelte die Stirn, wollte nicht gern fragen, was das hieß, aber das war auch nicht nötig.

„Na ja, er schläft gern mit mir, hat aber wohl Angst, sich festzulegen, zu binden, was weiß ich."

Toppe fühlte sich nicht wohl bei diesem Gespräch; er war sich nicht ganz sicher, ob er so privat werden wollte mit Astrid, die damit anscheinend keine Probleme hatte. „Ich schlaf' nicht nur gern mit ihm, ich würde eben auch gern mit ihm zusammenleben."

Als Toppe nichts sagte, zuckte sie die Schultern. „Nun ja, mal sehen."

Sie waren an der Bäckerei angekommen.

9

Der Laden war geöffnet und voller Leute, deren Gespräche sofort verstummten, als Toppe und Astrid hereinkamen.

Hinter der Bäckertheke stand eine blasse, junge Frau, die

Toppe bisher noch nicht gesehen hatte. Er stellte sich und Astrid vor.

„Martina Verhoeven", sagte sie. „Sie wollen sicher zu meiner Schwiegermutter." Toppe nickte.

„Kommen Sie, Sie können gleich hier durchgehen. Sie ist oben, mein Mann ist bei ihr."

Sie führte sie zu einer Tür hinter der Theke, gleich neben dem Kaffeeregal, und schickte sie eine schmale, dunkle Stiege hinauf.

Oben klopfte Toppe kurz an die Tür und trat dann ein. In der kleinen Diele kam ihnen Klaus Verhoeven entgegen. Er trug einen blauen Schlafanzug, an dessen Jacke nur der unterste Knopf geschlossen war. Er war ebenso blaß wie seine Frau.

„Tag, Sie sind von der Kripo, nicht wahr? Entschuldigen Sie meinen Aufzug", lächelte er dünn, „ich hatte mich ein bißchen hingelegt. Mußte ja um halb vier in der Backstube sein. Einen Augenblick…" Damit ließ er Toppe und Astrid in der Diele stehen.

Hier war die Decke sehr niedrig; Toppe hatte beim Eintreten den Kopf einziehen müssen. Das Haus war alt, aber alles war blitzsauber, und der Kunststoffboden glänzte, als wäre er gebohnert worden.

Der Bäcker hatte sich einen langen, dunkelroten Bademantel übergezogen und ließ sie vorausgehen ins Wohnzimmer.

Mia Verhoeven saß, die Beine hochgelegt, eingepackt in eine Wolldecke, ein dickes Kopfkissen im Rücken, auf dem Sofa und wandte ihnen ihr verquollenes Gesicht zu. Sie war eine kleine, normalerweise sicherlich agile Frau mit runden Backen und einem breiten Mund. Überhaupt alles an ihr war rundlich; die fleischigen Oberarme und ein großer, schwerer Busen, der bis auf den Bauch hing, zeichneten sich unter ihrem schwarzen Pullover ab. Ihre graumelierten Haare hatte sie zu einem dünnen Zopf geflochten.

„Sonst hat sie den Zopf bestimmt hochgesteckt", dachte Toppe. Keiner konnte übersehen, daß die Frau völlig aus dem

Gleis war. Sie knetete ununterbrochen ein nasses Taschentuch, während sie mühsam ein ‚Guten Tag' über die Lippen brachte. Und als Toppe seine ersten vorsichtigen Fragen stellte, fing sie sofort an zu weinen und konnte vor lauter Schluchzen nicht antworten. „Ich kann's einfach nicht glauben", stammelte sie zwischen den Schluchzern und: „Verzeihung".

Astrid sah sich hilfesuchend nach Klaus Verhoeven um. „Sollen wir ihr nicht ein Glas Wasser holen?" Aber er winkte ab, hockte sich neben seine Mutter und nahm sie in den Arm. „Komm, Mama, wir müssen uns zusammenreißen. Der Herr Toppe möchte sich mit uns unterhalten. Paß auf, ich koch' uns jetzt einen Kaffee, und du gehst mal eben ins Bad, und danach schaffen wir das schon."

Sie nickte und preßte sich das Taschentuch gegen den Mund. Dann erhob sie sich schwerfällig und ging hinaus.

Das Zimmer war mit altmodischen Eichenmöbeln gemütlich eingerichtet, auf allen Tischchen standen frische Blumen, und eine Menge Fotos in goldenen und silbernen Rahmen hingen an den Wänden oder standen auf den Tischen und der Anrichte. Sie zeigten lauter fröhliche Kinder und lachende Erwachsene, Hochzeiten und Familienfeste. Neben dem Fenster hing ein Meisterbrief – Heinrich Verhoeven, ausgestellt im Jahre 1950.

Der Kaffee beruhigte Mia Verhoeven ein wenig, und sie unterhielten sich lange miteinander.

Heinrich Verhoeven war siebzig Jahre alt gewesen, als er starb. Er war hier in Keeken geboren, in wohlhabenden, bäuerlichen Verhältnissen aufgewachsen und hatte, bis auf die Kriegsjahre und die anschließende dreijährige Gefangenschaft, immer hier im Dorf gelebt. 1950 hatte er das Haus von seinem Erbteil gekauft und die Bäckerei eröffnet. Er hatte geheiratet und mit Mia drei Kinder bekommen, die alle in geordneten Verhältnissen lebten; ein Sohn hatte eine eigene Metzgerei in Tönisvorst, die Tochter war Hebamme in Paderborn, und der älteste Sohn Klaus war Bäcker geworden und hatte vor sieben Jahren das Geschäft übernommen. Die beiden alten Verhoevens waren seitdem aber nach wie vor aktiv und integriert gewesen, wie es schien. Mia hatte entweder im Laden geholfen oder sich um die beiden Enkelkinder, Christopher und Nadine, gekümmert, und Heinrich war täglich zwischen zehn und eins mit dem Lieferwagen in die umliegenden Dörfer gefahren, um Brot, Gebäck, Kaffee und Obst zu verkaufen. Es hatte ihm Spaß gemacht. Er war offensichtlich ein lebenslustiger, mit sich und der Welt zufriedener Mensch gewesen, der sich mit allen im Dorf gut verstanden hatte; war Mitglied gewesen im Schützenverein und im Kirchenchor und hatte seinen wöchentlichen Stammtisch gehabt. Bei keinem dieser Dinge hatte er sich durch besonderes Engagement hervorgetan, war eben nur gern dabei gewesen.

Astrid nahm eines der beiden Fotos von dem Tischchen neben sich und betrachtete es.

„Ist das Ihr Hochzeitsfoto?"

„Ja", nickte Mia und schluckte.

„Ein wunderschönes Kleid", sagte Astrid versonnen.

Diesmal huschte ein leises warmes Lächeln über Mias Gesicht.

„Ja. Da waren wir auch stolz drauf. Was meinen Sie, was wir für den Stoff alles eintauschen mußten!"

„Und das hier?" wollte Astrid wissen.

„Das ist Christophers Kommunion."

„Der neben Ihnen ist Ihr Mann?"

„Nein", sagte sie. „Das ist sein Bruder Wilhelm, der Patenonkel von Christopher. Mein Mann steht rechts daneben." Sie kämpfte wieder mit ihrem Schluchzen.

Astrid wunderte sich über Toppes Ungeduld, als er jetzt eingriff: Hatte es Streit und Ärger gegeben, Mißverständnisse und Auseinandersetzungen? Aber er stieß bei Mutter und Sohn nur auf Unverständnis.

„Und auf dem Krönungsball? Ist da vielleicht etwas vorgefallen? Die Leute waren doch alle angetrunken. Vielleicht ist einem nach einer Meinungsverschiedenheit einfach die Sicherung durchgebrannt."

„Nein", erwiderte Klaus, „wenn's Ärger gegeben hätte, dann hätte ich das mitgekriegt."

„Ich auch", bestätigte seine Mutter, „ich hab' doch den ganzen Abend am Tombolatisch gestanden. Und außerdem", und jetzt war ihre Stimme ganz fest, „außerdem hat mein Hein sich in seinem ganzen Leben noch nicht gestritten. Der ging lieber immer ganz schnell weg. Auch wir beide, Streit haben wir nicht gekannt." Sie fing wieder an zu weinen, und Toppe sah ein, daß es keinen Sinn mehr hatte.

Er nickte Astrid zu und bedeutete Klaus mit einer Handbewegung, bei seiner Mutter zu bleiben.

Er ging mit gesenktem Kopf und schnellen Schrittes, so daß Astrid Mühe hatte mitzukommen.

„Die sind alle so unheimlich nett", sagte sie halb hinter ihm.

„Ja, ja", brummte Toppe.

„Sind Sie sauer?"

„Was? Nein." Er blieb plötzlich stehen und sah sie an. Dann atmete er tief durch und lächelte. „Nein, ich bin nicht sauer. Kommen Sie, lassen Sie uns noch ein Stück gehen, bevor wir uns wieder an die Arbeit machen."

Diesmal gingen sie hinten am Friedhof vorbei durch eine enge, kurze Straße. Am Ende des Dorfes, dort, wo nur ein schmaler Feldweg hinausführte, stand ein großes, gelbes Herrenhaus in einem verwilderten Obstgarten. Die Fensterläden waren alle geschlossen; es sah unbewohnt aus.

Sie bogen links in den Feldweg ein und folgten ihm ein Stück.

Hinter einer Hecke aus Weißdorn, Heckenrosen, Schlehen und wildem Hopfen konnte man den Fußballplatz sehen, das Vereinshaus mit dem Schild ‚Nordwacht Keeken'. In der Ferne lagen verstreut Gehöfte, die Wege dazwischen waren gesäumt von Schwarzerlen, Pappeln und Kopfweiden. Dort drüben, keine vierhundert Meter entfernt, mußte die Grenze sein.

„Wenn ich der Täter wäre", sagte Astrid plötzlich und traf genau Toppes Gedanken, „dann hätte ich diesen Weg genommen, um abzuhauen."

„Tja. Wenn der Täter von außerhalb gekommen ist. Wenn er aus dem Dorf kommt, ist er bloß ganz unauffällig nach Hause gegangen."

Am Ende der Hecke kehrten sie um und gingen ins Dorf zurück.

Astrid wollte den Mann befragen, der in der letzten Nacht ein fremdes Auto am Friedhof gesehen hatte, und Toppe hatte auf seiner Liste zwei Leute, die auf dem Krönungsball verdächtige, ihnen unbekannte Personen bemerkt haben wollten.

„Aber eigentlich", meinte er, als sie wieder beim Auto waren, „eigentlich möchte ich zuerst noch einmal mit den beiden Tatzeugen sprechen."

Sie einigten sich schnell. Astrid würde hier im Dorf die drei Leute befragen, falls sie zu Hause waren, und Toppe nahm das Auto und fuhr auf die Grenze zu zum Verhoevenhof.

10

Tot. Die Jauche tropfte aus ihrem offenen Mund, kleisterte die roten Locken an den Kopf, verklebte ihre Augen.

„Tot", stieß Papa tonlos aus und hielt sie ihr entgegen. Wie ein Opferlamm trug er sie auf seinen schwachen aber gestreckten Armen zu ihr in die Küche. Tot.

Hans-Joachim kippelte mit seinem Hochstuhl, patschte auf das Tischchen. „Totot", gickelte er, „totot."

Mit einer Armbewegung fegte sie den Tisch frei; die Rührschüssel zersprang mit einem dumpfen Knall in zwei gleichgroße Stücke, die Büchse schlug scheppernd auf, und das Mehl ergoß sich in die Jauchepfütze und saugte sie weg.

45

Langsam, behutsam nahm sie Papa das Kind aus den Armen und bettete es auf den Tisch. Peter verdiente die Prügel; stand da und starrte; trieb sich auf dem Heuboden herum, während seine kleine Schwester...

„Ich hol' Wilhelm", brüllte Papa.

Sie wusch das Kind sanft und vorsichtig, wusch die Augen aus, die Nase, den Mund, spülte das Haar über einer Schüssel, sorgfältig. Auf dem Feld war Wilhelm, auf dem Feld an der Grenze wollte er Jauche fahren.

Das Schreien stieg ihr aus dem tiefen Bauch hoch, ganz langsam, aber sie konnte es nicht halten. Sie sah ihre Hände mit dem Schwamm, die Locken zwischen ihren Fingern, und dann schrie sie, hohl und heiser.

Hans-Joachim unterbrach sein Geplapper und fing an zu weinen.

Aber sie konnte ihm nicht helfen, sie konnte nur schreien.

Sie ließ die letzte Kartoffel in den wassergefüllten Topf platschen und starrte aus dem Fenster auf den Misthaufen und die Jauchegrube mit dem schweren Betondeckel und den verrosteten Eisengriffen. Die Kleine hatte gerade laufen gelernt. Sie war immer ein kräftiges Kind gewesen. Das kräftigste von allen, ein Kind, um das man sich keine Sorgen machte. Keine Sorgen.

Mama war auch kräftig gewesen, immer stark. So ein Fieber war auch für einen kräftigen Menschen zu hoch, sagte der Doktor. Tot, alle, bloß mich läßt Gott nicht sterben. Mich nicht. ,Der Herr lädt jedem soviel auf, wie er tragen kann', sagte der Pastor. ,Sei stolz, meine Tochter. Er hat dich ausgewählt, die schwersten Lasten zu tragen.'

Das nasse Zeitungspapier fiel ihr aus den zitternden Händen, und die Kartoffelschalen flogen durch die halbe Küche.

„Stolz, meine Tochter", kicherte sie und versuchte, eine Hand an der Spüle, sich zu bücken, aber ihre Beine gehorchten nicht, und sie fand keinen rechten Halt.

Das Schreien hörte erst auf, als das Zittern anfing. Über beides hatte sie keine Kontrolle. Sie sackte zusammen, klammerte sich mit beiden Händen an die Tischkante und wimmerte. Der Junge weinte nicht mehr. Sie hörte Rufe draußen, und dann stieß Wilhelm die Tür auf.

„Guten Tag." Der Mann stand in der offenen Tür und lächelte freundlich. Sie hatte ihn nicht klopfen hören.

„Ja?" Sie ließ die Kartoffelschalen liegen und richtete sich auf.

„Mein Name ist Toppe. Ich bin von der Kriminalpolizei."

Toppe hatte an der Haustür lange erfolglos geschellt, war dann um die Hausecke gegangen und hatte an die Küchentür geklopft. Durch das Fenster hatte er die alte Frau gesehen.

Sie war in mehrere Lagen schwarzer Röcke, Pullover und Jacken gehüllt, und über diese Fülle hatte sie eine graugestreifte Schürze gebunden. Die Kleider starrten vor Dreck. Das fettige, vergilbte Haar war zu einem filzigen Knoten gesteckt, und am Hals und an den Ohren war der Schmutz zu braunen Streifen verkrustet. Ihre Hände zitterten heftig, und auch ihr schiefgelegter Kopf schlug ständig leicht hin und her. Aus einem Mundwinkel lief ein Speichelfaden.

„Heinrich ist tot", sagte sie und kam ihm mit unsicheren Schritten entgegen. „Alle sind tot." Sie streckte ihm ihre krallige Hand entgegen.

„Wer sind Sie?" fragte Toppe und gab ihr die Hand.

„Hendrina. Hendrina Verhoeven." Sie zog einen Stuhl unter dem Tisch hervor. „Setzen Sie sich." Dann wackelte sie zum Küchenschrank, holte einen Becher heraus und stellte ihn auf den Tisch.

Toppe setzte sich.

„Was meinen Sie: alle sind tot?"

Sie gackelte nur, humpelte zum Herd und holte die große Emailkanne.

„Alle müssen wir sterben. Der Tod macht keinen Unterschied. Und er holt sich die besten zuerst, der da oben", murmelte sie. Dabei goß sie heiße Milch in den Becher. Mehr als die Hälfte floß auf den Küchentisch, aber sie bemerkte es nicht, oder es machte ihr nichts aus.

„Zucker nehmen Sie selber. Da."

Toppe schüttelte sich innerlich, gekochte Milch mit Zukker. Aber er gab einen Löffel voll hinein.

„Mehr", forderte sie ihn auf. „Zucker ist gut für die Nerven."

Dann hinkte sie wieder zum Schrank. „Löss ge ook en botteram?"

„Wie bitte?" Toppe verstand ihr Platt nicht.

Sie antwortete nicht, sondern nahm ein Brot aus dem Schrank und schnitt, den Laib gegen ihre Brust gepreßt, eine dicke Scheibe ab. All ihre Bewegungen waren langsam und machten ihr Mühe.

„Ich möchte nichts essen, danke."

Sie drehte ihm ihren Rücken zu, murmelte irgendetwas, bestrich das Brot mit Schmalz und tauchte ihre Finger in einen grauen Salztopf. Sie hatten nicht nur schwarze Trauerränder, die Nägel waren bis zur Mitte braun verkrustet. Ihr Speichel tropfte ins Salzfaß.

„Ich möchte gern mit Ihrem Mann sprechen, Frau Verhoeven. Und mit Ihrer Schwiegertochter. Wo finde ich die?"

„Hier." Ingeborg Verhoeven stand hinter Toppe in der Tür.

„Mutter!" Sie hastete zum Schrank. „Was machst du denn da wieder?" und wollte der Frau das Brot aus der Hand nehmen. Die Alte ließ nicht los. Das Schmalz quatschte ihr durch die Finger. Sie sahen sich in die Augen.

„Hast du Hunger, Mutter?" Ingeborg ließ das Brot los.

„Der Herr hat's gegeben, der Herr hat's genommen", gackerte Hendrina.

Ingeborg Verhoeven wandte sich abrupt ab.

„Wenn Sie mit mir sprechen wollen, Herr Kommissar, dann gehen wir wohl am besten in unsere Wohnung. Kommen Sie." Sie zeigte auf die Tür, durch die sie hereingekommen war.

Toppe schob den Stuhl zurück. „Vielen Dank, Frau Verhoeven", begann er, aber die Alte beachtete ihn nicht, sondern stopfte sich mit geschlossenen Augen das Schmalzbrot in den Mund.

Ingeborg ging vor Toppe her über die dunkle Tenne, am leeren Kuhstall vorbei, dann eine enge Stiege hinauf in eine düstere Wohnung.

„Nehmen Sie Platz."

Er setzte sich aufs Sofa, dem einzigen Sitzmöbel in diesem winzigen Wohnraum. „Möchten Sie einen Kaffee?"

„Nein, danke. Ihre Schwiegermutter… ist sie…?"

„Verrückt, meinen Sie? Nein, sie hat seit vierzig Jahren Parkinson. Manchmal ist sie ein bißchen verwirrt, aber verrückt ist sie nicht."

Sie setzte sich neben Toppe auf die Sofakante und faltete die Hände im Schoß. Bei Tageslicht sah sie älter aus. Sie war sehr klein, zierlich, hatte ein herzförmiges Gesicht und eine Stupsnase, aber ihr Mund war bitter.

„Sie sagten, dies sei Ihre Wohnung. Wohnen Ihre Schwiegereltern allein dort unten?"

Sie warf ihm einen schnellen, prüfenden Blick zu.

„Weil meine Schwiegermutter so verwahrlost ist, meinen Sie?", aber sie zügelte sich sofort. „Ich habe den Kampf aufgegeben."

Toppe erwiderte nichts. Er holte sein Notizbuch aus der Tasche.

„Mir ist zu gestern abend nichts Neues mehr eingefallen", sagte sie unaufgefordert, aber Toppe ließ sich trotzdem so detailliert wie möglich den gestrigen Abend schildern.

„Ich weiß nicht, wer ein Interesse daran hatte, Onkel Hein zu töten. Es ist unvorstellbar. Immer noch."

„Wo finde ich Ihren Schwiegervater?"

„Auf dem Feld."

„Wann könnte ich mit ihm reden?"

„Er kann sich an gar nichts erinnern. Er war betrunken."

„Ich möchte ihn trotzdem sprechen."

Sie zuckte die Schultern. „Heute abend vielleicht, aber um halb neun geht er schlafen. Oder morgen. Punkt zwölf wird hier gegessen."

„Wie alt ist Ihr Schwiegervater?"

„74."

„Und er arbeitet immer noch auf dem Hof?"

„Ja", gab sie knapp zurück und schlug die Beine übereinander.

„Was macht Ihr Mann beruflich?"

„Er ist Landwirt. Wieso?"

„Auch hier auf dem Hof?"

„Ja, sicher. Warum fragen Sie?"

„Ich habe bisher noch nicht mit Ihrem Mann gesprochen. Er war doch auch gestern auf dem Krönungsball."

„Ja, natürlich, aber er weiß auch nichts. Er war übrigens auch besoffen."

„Könnte ich ihn sprechen?"

„Nein." Sie wippte ungeduldig mit dem Fuß. „Er ist in die Stadt gefahren. Aber, wie gesagt, morgen mittag…"

Toppe erhob sich und klappte sein Notizbuch zu. Als sie aufstand, lächelte sie zum ersten Mal flüchtig.

„Was meinte Ihre Schwiegermutter mit: alle sind tot?"

„Ach, hat sie das gesagt?" Sie verzog ungeduldig den Mund. „Sie war wohl mal wieder in der Vergangenheit. Ihre Tochter ist als Kind gestorben."

Ihr Ton duldete keine weiteren Nachfragen. „Kommen Sie, ich lasse Sie zur Vordertür raus, dann brauchen Sie nicht durch die Küche."

Draußen zündete sich Toppe erst einmal eine Zigarette an und ging langsam zum Auto. Der Hof war groß, mit mehreren Stallungen und einer Doppelscheune, aber man sah den Gebäuden an, daß seit Jahren nichts mehr daran getan worden war. Der gelbe Putz am Vorderhaus bröckelte in großen Placken ab, die Buchsbaumhecke um den Garten wucherte breit und wild, an der Mauer neben dem Misthaufen rostete eine alte Egge vor sich hin. Der Feldweg hinter dem Haus endete an einem rot-weißen Schlagbaum und einem querverlaufenden Graben. Auf der anderen Seite begann das Königreich der Niederlande. An den rückwärtigen Wiesen mußte man nur über den Graben springen und war in Holland.

Toppe öffnete die Autotür und beschloß, Bongartz, den Polizisten aus Keeken, anzurufen. Er wollte mehr über diese ganze Verhoevensippe wissen. Dann holte er Astrid im Dorf ab und ließ sich nach Hause bringen.

Trotz des undurchsichtigen Falles und seines Schlafmangels war Toppe ganz aufgeräumt. Er hatte geduscht, gut und lange mit Gabi gegessen und geredet, eine Partie Mau-Mau mit den Jungen gespielt, was sein väterliches Gewissen beruhigte, und mit Bongartz telefoniert. Um halb neun würden sie sich in der Kneipe an der Römerstraße treffen. Astrid würde ihn abholen und begleiten, so daß er in aller Ruhe ein paar Bier trinken konnte. Und morgen würde er dem Chef sagen, daß er Breitenegger und Heinrichs brauchte, wenn er den Fall zügig aufklären wollte.

Als er gerade beschlossen hatte, daß es ja noch recht sommerlich warm sei und seinen Pullover gegen sein neues lila Hemd eintauschte, klingelte das Telefon. Es war der Chef.

„Sagen Sie mal, wo haben Sie den ganzen Tag gesteckt, Herr Toppe?"

„Sie haben doch meinen Bericht."

„Der umfaßt Ihre Tätigkeit bis vierzehn Uhr."

„Danach habe ich mit Frau Steendijk im Dorf Ermittlungen angestellt."

„Bis jetzt?"

„Ja."

„Morgen früh um acht hätte ich gern Ihren Bericht darüber. Wir müssen schließlich weiterkommen."

„Leck mich am Arsch", murmelte Toppe.

„Wie bitte?"

„Ich sagte, das ist unmöglich. Ich bin gerade auf dem Weg zu einer neuen Befragung."

„Sie haben ungewöhnliche Zeiten, Herr Toppe."

Toppe biß die Zähne aufeinander und sagte nichts.

„Nun gut, um zehn dann also. Gute Nacht, Herr Toppe."

Toppe knallte den Hörer auf, aber der Alte war noch schneller gewesen, und so mußte Astrid, die gerade klingelte, Toppes Fluchkanonade über sich ergehen lassen.

11

„Früher hat man ja alles stehen- und liegenlassen, wenn beim Nachbarn die Kuh kalbte – und wenn's morgens um drei war. Das ist heute vielleicht ein bißchen anders."

Bongartz erzählte so lebendig vom Keekener Dorfleben, daß Toppe sich langsam entspannte und sich ein bißchen wohler fühlte.

Astrid hatte die Kneipe ausgesucht, und er kam sich ziemlich deplaziert vor. Die meisten hier waren viel jünger als er, und die paar älteren sahen alle aus wie alternative Lehrer.

Das Bier wenigstens schmeckte. Er bestellte sich sein viertes und gleich noch einen Korn dazu.

„Obwohl, die Leute halten auch heut' noch gut zusammen", fuhr Bongartz fort. „Mehr vielleicht als anderswo. Ich sag' ja immer, das liegt am Rhein."

„Wieso?" Astrid nippte an ihrer Cola. „Versteh' ich nicht."

„Na, das Hochwasser meine ich. Bevor der große Banndeich zwischen Grieth und Griethausen gebaut worden ist, stand zweimal im Jahr das halbe Dorf unter Wasser. Und dann der Eisgang. Da mußten alle zusammenhalten und zupacken. Und wenn ein Haus unbewohnbar war, dann wurden die Leute von den Nachbarn aufgenommen, ohne großes Federlesen. Die Felder standen manchmal monatelang unter Wasser. Da mußte man teilen. So was steckt einfach in den Leuten drin, das kriegt man so schnell nicht raus."

Toppe nickte nachdenklich. „Und wie ist das so mit Schützenverein und Kirche? Die haben doch wohl eine Menge zu sagen im Dorf."

„Ich kenne keinen, der nicht im Verein ist, auch von den Zugezogenen."

„Das kann ich mir vorstellen", giftete Astrid. „Wenn man nicht zum Außenseiter werden will, dann muß man den Vereinsrummel mitmachen. Und sonntags immer schön in die Kirche."

„Ach was", winkte Bongartz ab. „So intolerant sind die Leute gar nicht. Und auch nicht von vorgestern. Es ist einfach eine schöne Gemeinschaft. Wem es zu eng wird, der kann ja wegziehen. Die jüngere Generation tut das ja auch."

Toppe winkte der Kellnerin und zeigte auf sein leeres Glas.

„Keeken liegt doch unmittelbar an der Grenze. Wie sieht es da eigentlich mit Schmuggel aus?"

„Vorm Krieg, ja, da blühte das Geschäft", grinste Bongartz. „Hauptsächlich Mehl und Kaffee. Das lief im Dorf richtig in großem Maßstab ab. Gut organisiert, mit LKWs und so. Aber heute? Höchstens Drogen. Ein paar Kleindealer erwischen wir schon mal, den Ameisenverkehr, aber die ganz großen Geschichten laufen ja mittlerweile ganz anders. Und überhaupt, Sie sprechen von Grenzlage. Wissen Sie, für uns ist die ganze Niederung einfach die ‚Düffelt', hier und auf der holländischen Seite. Und bei Hochwasser und beim Deichbau, da hielt man zusammen, ob man jetzt Deutscher war oder Holländer. Da gab's keine Grenze. Ist auch heut' noch nicht viel anders."

Toppe lenkte das Gespräch auf den Fall zurück. Bongartz hatte sich im Dorf umgehört und sich seine Gedanken gemacht, aber er fand nach wie vor keine Erklärung für Heinrich Verhoevens Ermordung.

„Wir werden noch einiges überprüfen müssen, Vermögenslage, Lebensversicherungen und dergleichen."

„Sie werden nichts finden, glauben Sie mir. Das ist einfach eine ganz normale Familie, und der Hein selbst war immer eher zu gut."

„Immer? Ich wüßte gern mehr über seine Vergangenheit. Sie glauben gar nicht, was man manchmal so alles in diesen ganz normalen Familien findet."

„Da ist nix. Jedenfalls, nicht, daß ich wüßte. Nee, für mich ist der Täter ein Verrückter. Haben Sie mal in Bedburg in der Klapse nachgefragt, ob die einen vermissen?"

Toppe nahm das Stichwort auf und fragte nach Hendrina Verhoevens Krankheit.

„Ja, die Familie hat's wahrhaftig nicht leicht gehabt. Der Wilhelm, schon als Junge Kinderlähmung. Deshalb war er ja auch nicht im Krieg und mußte früh den Hof übernehmen. Der Vater war ja Invalide. Ja, und die Hendrina, die ist einfach nicht über den Tod ihrer Tochter weggekommen. War ja auch schrecklich für die Frau. Drei Kinder, alle im Krieg geboren. Sicher, die hatten die Landwirtschaft, aber trotzdem. Bei der Geburt von der Jüngsten ist sie fast an Kindbettfieber gestorben, und dann ertrinkt ihr die Kleine in der Jauchegrube, grad' mal ein Jahr alt. Da kann man schon verrückt bei werden. Muß mal eine ganz stattliche Frau gewesen sein, die Hendrina, aber nach dem Schock… Da stand der Willi dann alleine mit der kranken Frau und den beiden Jungs. Aber er hat es geschafft, irgendwie, immer hart gegen sich selbst."

„Und der eine Sohn, Peter, der ist jetzt mit auf dem Hof?"

„Ja, ist ja der älteste."

„Und der andere?"

„Hans-Joachim ist Priester geworden. Irgendwo im Münsterland, soviel ich weiß."

„Und Peter hat den Hof übernommen?"

„Nee, nee, der Willi hat noch das Sagen da. Wissen Sie, ich geb' ja nicht viel auf die Quatscherei der Leute, aber meistens ist ja doch ein Körnchen Wahrheit drin, nicht wahr? Der Peter ist jedenfalls kein Kind von Traurigkeit."

„Und was heißt das?"

„Na ja, Frauengeschichten und so. Er trinkt auch ganz gern mal öfter einen über den Durst. Und dem Willi gefällt das wohl nicht."

„Und was sagt die Ehefrau dazu?" wollte Astrid wissen.

„Die Ingeborg?" Er zuckte die Achseln. „Die beiden haben ganz jung heiraten müssen, weil der Frank unterwegs war. Besonders glücklich ist die Ehe wohl nicht. Sie ist auch mal mit den Kindern auf und davon, aber das ist schon ein paar Jahre her."

„Wieviele Kinder haben die beiden denn?"

„Zwei Jungs, Frank und Andreas, wohnen beide in Kleve. Der Andreas ist irgendwas Soziales, soviel ich weiß. Und der Frank, der hat Landwirtschaft studiert, arbeitet jetzt bei Haus Riswick."

„Ist das diese landwirtschaftliche Versuchsanstalt?"

„Genau. Der muß ein ganz tüchtiger Kerl sein. Kommt wohl auch noch viel nach Hause. Jedenfalls, der Willi hält große Stücke auf ihn."

Toppe vervollständigte in Gedanken seinen Verhoeven-Stammbaum. Bongartz sah auf die Uhr. „So. Ein Bier trink' ich noch, aber dann wird's Zeit für mich. Ich hab' morgen Frühschicht. Wie gesagt, Herr Toppe, für mich ist der Täter ein Verrückter."

„Bis jetzt scheint's so. Sagen Sie, wer wohnt eigentlich in dem großen Haus da am Feldweg hinter der Kirche?"

„Ach, das sind Leute aus Essen, die Trappmanns. Die kommen meistens nur am Wochenende. Er ist irgendso ein hohes Tier bei einer Versicherung, stinkreich, aber wirklich nette Leute. Sind auch extra wegen dem Schützenfest bis Dienstag geblieben. Da fällt mir noch ein: die Leute, die da jetzt in der

Mühle sind, die sind ja auch ein komischer Haufen. Vielleicht, daß man da mal nachhorcht…"

„Ich habe davon in der Zeitung gelesen. Da finden doch so Wochenendseminare statt, alternative Therapien und so Sachen."

Toppe sah, wie Astrid Bongartz giftig anblitzte und legte ihr die Hand auf den Arm. Sie hielt den Mund.

Bongartz verabschiedete sich. „Und wie gesagt, wenn Sie noch Fragen haben, ich stehe Ihnen gern zur Verfügung."

Er hatte sich kaum bis zur Tür durchgedrängelt, da platzte Astrid auch schon heraus: „Also, ich finde das unmöglich! Nur weil jemand anders ist als diese Spießer, ist er gleich verdächtig. Das ist doch typisch."

Und sie erklärte ihm ausführlich, warum sie Esoterik sehr wichtig fand. Toppe lehnte sich zurück und hörte nur zu. Er merkte, daß er ein wenig betrunken war. Ihre Augen glänzten, als sie ihm die Vorzüge von Urschrei-Therapie, Rebirthing und ganzheitlicher Medizin darlegte.

„Sie ist wirklich noch ein Kind", dachte er, als er hinter ihr her zur Garderobe ging, „aber ein sehr attraktives. Reiß dich bloß zusammen, Helmut", murmelte er.

Als er ihr in den Parka half, lehnte sie sich an ihn. Sie merkte, wie er sich schnell zurückzog und suchte seinen Blick. Als er sie ansah, spürte sie ganz leise das wohlbekannte Ziehen im Bauch. „Ich werd' verrückt", dachte sie. Er legte den Arm um ihre Schulter und führte sie hinaus. Sie mochte es offensichtlich sehr.

Umständlich und über Kleinwagen mosernd bemühte er sich, seine langen Beine unterzubringen, als er in ihr Auto stieg. Sie lachte.

„Sie sind süß, wenn Sie was getrunken haben."

„Süß", brummte er.

„Nicht nur süß, und nicht nur, wenn Sie was getrunken haben."

Er wich ihrem Blick aus. „Lassen Sie uns nach Hause fahren. Es ist spät geworden."

Sie schaltete den Motor ein. „Klar", es klang burschikos, „wir haben unseren Schlaf bitter nötig."

Gabi saß vorm Fernseher und zog Gummibänder in Unterhosen ein. Muffig stapfte Toppe zum Kühlschrank und holte sich noch ein Bier.

„'n Abend."

Er ließ sich aufs Sofa fallen und starrte auf den Bildschirm. Der Kanzler der Einheit lispelte druckreife Worte.

„Was ist los?" fragte Gabi.

„Nix."

„Läßt du dich schon wieder vom alten Trott auffressen?"

Er zeigte auf ihr Nähzeug. „Du doch auch."

„Ach, Helmut, komm, hör' auf. Die Sachen müssen nun mal gemacht werden."

„Meine auch."

Sie biß sich auf die Lippen. „Ackermann hat angerufen."

„Der ist doch im Osten."

„Eben. Er hat von deinem Mordfall gehört und ist neugierig. Er sagt, er wäre in ein paar Wochen wieder hier, und du sollst den Fall bloß nicht ohne ihn aufklären."

„Sehr witzig."

„Er will dich morgen im Büro anrufen."

„Der spinnt doch."

Er knallte die Bierflasche auf den Tisch und stand auf. „Ich geh' ins Bett. Mir reicht's für heute."

„Ich dachte, du wolltest mir noch was über den Fall erzählen."

„Ich bin müde, Gabi."

Aber dann kam er doch zu ihr und küßte sie. „Tut mir leid, ich bin einfach kaputt. Hat nichts mit dir zu tun, okay?"

„Okay", nickte sie ernst. „Schlaf gut."

12

Toppe hatte einen schweren Kopf, aber daran waren wohl nicht nur das Bier und der Korn schuld, er hatte auch mal wieder zu viele Ecksteins geraucht. Er mußte endlich mit dem Rauchen aufhören.

Als er gegen halb neun ins Büro kam, stand die Luft dort schon dick unter der Decke. Er war der letzte.

„Morgen", grüßte er knapp in die Runde, ging direkt durch zum Fenster und öffnete beide Flügel. Astrid legte ihr Tabakpäckchen weg und verzichtete darauf, sich eine neue Zigarette zu drehen. „Hallo", sagte sie leise und lächelte vorsichtig.

„Helmut, Mensch, es regnet mir auf den Schreibtisch", schimpfte Heinrichs und schob den linken Fensterflügel wieder zu. Er war im Mantel und sammelte ein paar Papiere zusammen. Auch Breitenegger packte seine Pfeife und den Tabak ein.

„Was ist denn bei euch schon am frühen Morgen für eine Hektik ausgebrochen?"

„So wie's aussieht, hat unser Mann mal wieder zugeschlagen. Eine Tankstelle in Kevelaer-Wetten, gestern abend um kurz nach elf. Der Tankwart ist schwer verletzt. Wir fahren noch raus."

„Bis später", nickte Toppe nur und setzte sich Astrid gegenüber an den Schreibtisch. Er war in Gedanken. Auf dem Weg zum Präsidium hatte er versucht, den Tathergang zu rekonstruieren.

„Haben Sie mal die Berichte von Ihren Befragungen da?"

„Ja, hier. Aber ich sag' Ihnen gleich, dabei ist nichts herausgekommen. So langsam finde ich auch, daß der Täter ein Verrückter ist, der da willkürlich rumgeschossen hat."

„Nein, das glaube ich nicht. Im Gegenteil, die Tat scheint planvoll und überlegt."

Astrid lächelte schief und fing an, sich jetzt doch eine Zigarette zu drehen.

„Jedenfalls, die Leute, mit denen ich gesprochen habe, die haben eigentlich überhaupt nichts Wichtiges beobachtet. Der, der das unbekannte Auto vor seinem Haus gesehen hat, wußte weder die Automarke noch das Kennzeichen. Und alle wollen verdächtige Personen auf dem Schützenfest gesehen haben. Wenn man dann nachhakt, haben diese angeblich so Verdächtigen sich völlig normal benommen. Für die Leute da ist doch jeder verdächtig, der nicht aus Keeken kommt."

„Stop, Mädchen, das ist mir zu einfach", unterbrach Toppe sie. Astrid biß sich auf die Lippen. „Mir ist kalt", sagte sie. „Kann ich das Fenster zumachen?"

Toppe nickte abwesend. „Ich glaube, der Täter ist auf dem Schützenfest gewesen. Überlegen Sie doch mal. Er hat nur einen einzigen gezielten Schuß abgegeben und nicht etwa wild in der Gegend herumgeballert. Also kann man wohl davon ausgehen, daß er Heinrich Verhoeven gemeint hat."

„Deshalb kann er doch trotzdem verrückt sein."

Toppe ging gar nicht darauf ein. „Er muß den Heinrich Verhoeven gekannt haben, und er muß gewußt haben, daß er den Weg über den Friedhof nehmen würde. Was dafür spricht, daß er entweder aus dem Dorf kommt, oder aber von jemandem aus dem Dorf seine Informationen gekriegt hat."

„Stimmt." Es klang verwundert.

„Sie wissen, wie das Wetter am Montagabend war. Es ist also unwahrscheinlich, daß sich der Täter den ganzen Abend hinter dem Grabstein versteckt hat. Er konnte nicht wissen, wann Heinrich Verhoeven das Fest verlassen würde. Deshalb gehe ich davon aus, daß er zumindest zeitweise auf dem Krönungsball war."

„Das heißt also, wir müssen herausfinden, wer mitgekriegt hat, daß die Verhoevens die Festivität verlassen haben und wer eventuell mit ihnen oder kurz vorher rausgegangen ist."

„Ja. Und jedes Detail, das die Zeugen angegeben haben, kann wichtig sein. Wir müssen möglichst lückenlos wissen, wer alles auf dem Fest war."

„Wahnsinn! Also noch mal alle befragen?"

„Sieht so aus."

„Das sind doch aber ein paar hundert Leute!"

Ein kurzes Klopfen an der Tür unterbrach Astrids Fassungslosigkeit. Es war Klaus van Gemmern vom Erkennungsdienst, der Toppe einen Bericht brachte.

„Hab's gerade auf den Tisch gekriegt. Die Waffe, die in Keeken benutzt worden ist, war nicht mehr jungfräulich. Bei einer Schießerei im Duisburger Hauptbahnhof im vorigen Jahr ist sie schon einmal benutzt worden."

Toppe überflog das Papier. „Na, das wär' doch schon mal was für den Anfang."

„Hoffentlich. Die Nummer von den Duisburger Kollegen steht auf der Rückseite."

„Sonst noch was Neues von euch?"

„Tut mir leid. Bis jetzt noch nicht."

Damit war van Gemmern schon wieder an der Tür. „Bis heut' abend", rief ihm Astrid nach, aber er hörte sie schon nicht mehr.

Toppe fuhr sich mit den Händen durchs Haar. „Es sieht nicht so aus, als kriegten wir beide so bald wieder einen freien Abend, Astrid." Er stand auf und ging zum Fenster hinüber. Es war ein trüber, kalter Herbsttag. Der Wind hetzte die Wolken, und der Regen setzte sich in fisseligen Tropfen auf die Scheiben. Toppe hockte sich auf die Fensterbank.

„Ich will heute mittag noch raus zum Hof. Mit diesem Bruder, diesem Wilhelm Verhoeven, habe ich noch kein Wort geredet, dabei ist er ein Zeuge."

„Der war doch stockbesoffen."

„Na und? Außerdem kann der sicher einiges von seinem Bruder erzählen, was unser Bild komplettiert. Und dann müssen wir diese Trappmanns finden, die mit dem Haus an dem Feldweg. Das ist eindeutig der beste Fluchtweg."

„Ja. Und wir müssen nachprüfen, wer von den Leuten im

Dorf einen Waffenschein besitzt. Unter denen gibt es doch sicher eine ganze Reihe Jäger."

Sie schlug die Beine übereinander, und er wünschte sich, sie würde gerade heute nicht wieder einen so kurzen Rock tragen. Er sah, daß sie seinen Blick bemerkt hatte, und wurde verlegen, aber sie lächelte, und in ihren Augen blitzte es kurz auf.

„Genau", sagte er. „Dann die Besucher vom Schützenfest und die Familie Verhoeven."

„Wir brauchen Wochen, bis wir die alle durch haben", seufzte sie.

„Eben. Von wegen freier Abend." Toppe stieß sich entschlossen von der Fensterbank ab. „Ich gehe zum Chef. Der soll sich mal seine komische ‚SOKO Motorrad' aus dem Kopf schlagen und mir genügend Leute zur Verfügung stellen."

„Na, ich weiß nicht, ob Sie damit bei dem landen können."

„Das werden wir sehen. Rufen Sie schon mal in Duisburg an."

Toppe kochte vor Wut. Er lief die Treppen hinunter zur Kantine und nahm sich zwei Stücke Pflaumenkuchen aus der Vitrine – mit Sahne – scheiß auf die Diät! Der Alte war doch nicht ganz dicht. „Ist Gefahr im Verzug?" Natürlich bestand, nach dem bisherigen Stand seiner Ermittlungen, keine akute Gefahr, daß in diesem Kaff wieder einer erschossen werden würde. „Dann sehe ich keine Veranlassung, Herr Toppe." Der konnte sich sein Herrtoppe sonstwo hinstecken.

Aber der Kuchen half auch nicht, und als er zum Büro zurückging, hatte er Sodbrennen.

Astrid telefonierte. „Er kommt gerade zur Tür rein. Augenblick." Sie verdrehte die Augen. „Ackermann", flüsterte sie, die Hand auf der Muschel.

Toppe zündete sich erst einmal eine Zigarette an.

„Hallo, Herr Ackermann. Wie geht's denn?"

„Ach, et muß, et muß. Am liebsten gut, sag' ich immer. Ich

wollt' nur ma' ebkes hören, wie et denn bei euch so is', Herr Toppe."

„Danke, man lebt bescheiden."

„Und 'n neuer Fall, hab' ich mir sagen lassen."

„Ja. Aber woher wissen Sie das nun wieder?"

„Och, ich hab' öfters mit den Jungs telefoniert, wenn et schon ma' mit de Leitung geklappt hat. Die Kollegen zuhause, mein' ich. Man is' ja hier doch komplett abgeschnitten von de' Zivilisation."

Toppe lachte. „Ja?"

„Mann, o Mann, ich kann Ihnen sagen! Die sind hier vielleicht hinterm Mond. In jeder Beziehung, dat können Sie mir glauben, in jeder Beziehung. Zustände! Wie im alten Rom. Ach, wat sag' ich, wie in Sodom und Gomorrha. Aber wenigstens gibt et den Stasi nich' mehr, kann man ja froh drüber sein."

„Nein, den haben wir jetzt hier bei uns."

Ackermann wieherte ausdauernd. „Ja, hab' ich auch schon von gehört. Also, der Spitzname – echt klasse! Könnt' glatt von mir sein. Aber eins sag' ich Ihnen, Herr Toppe, wenn ich zurück bin hier aus de Zone, dann mach' ich bei Ihnen mit."

Ackermann gehörte zum Dezernat Einbruch und Diebstahl, aber der frühere Chef hatte ihn manchmal Toppes Abteilung zugewiesen, wenn Not am Mann gewesen war und Leute gebraucht wurden. Ackermann war eigentlich unmöglich, immer zu laut, zu witzig, zu kumpelhaft. Er war wahrhaftig nicht mit großen Geistesgaben gesegnet, aber er war ein zuverlässiger und unentwegter Arbeiter. Als solchen schätzte ihn Toppe, und er hielt ihn auch, im Gegensatz zu den anderen vom 1. K. für erfrischend bodenständig und normal. Es war typisch, daß er als echter Niederrheiner – worauf er überaus stolz war – schon aus Heimweh einfach anrief, um ein Schwätzchen zu halten.

„Ich hoffe ja, daß wir den Fall längst geklärt haben, wenn Sie zurückkommen."

„Meinen Sie? Haben Sie schon eine heiße Spur? Erzählen Sie doch mal."

„Ach, Ackermann. Tut mir leid, aber ich bin wirklich ziemlich unter Zeitdruck im Moment."

„Klar, Chef, klar. Keine Frage. Kann ich mir denken. Muß auch jetz' wieder in mein Seminar. Den Jungs hier ma' zeigen, wo der Hase lang läuft nach dem 3. Oktober. Aber, interessieren tut einen das ja doch, so ein Fall. Zumal der ja quasi bei uns um die Ecke passiert is'. Den Hein Verhoeven hab' ich ja gut gekannt. Der fährt ja bei uns immer das Brot aus. Nee, nee, ich sag' ja, die Wege des Herrn sind wundersam. Ausgerechnet der Hein Verhoeven... Also, Chef, nix für ungut, aber wenn ich irgendwie helfen kann... also hätt' ich ja schon ein Interesse dran. Sie wissen doch, Mord ist ja sozusagen mein Hobby."

„Meins überhaupt nicht", murmelte Toppe, als er auflegte und fragte sich, wie er, Teufel nochmal, in diesen Beruf gerutscht war.

13

Dieses Mal versuchte Toppe es erst gar nicht an der Vordertür, sondern winkte Astrid, ihm um die Hausecke zur Küche zu folgen.

Es war zehn nach zwölf, und die ganze Familie Verhoeven saß beim Mittagessen.

„Entschuldigen Sie, daß wir beim Essen stören", grüßte Toppe. „Wir warten gern draußen, bis Sie fertig sind."

„Nein, nein", Ingeborg stand zögernd auf und schaute zwischen ihrem Schwiegervater und ihrem Mann hin und her.

„Nehmen Sie Platz."

Am Kopfende des Tisches saß Wilhelm Verhoeven. Er nickte nur kurz und aß dann weiter.

Neben ihm versuchte seine Frau, sich mit einem Löffel einen kleistrigen Brei in den Mund zu schaufeln.

Ein Blick auf die Teller der anderen zeigte, daß es sich um zerquetschte Kohlrabi und Kartoffeln handeln mußte. Hendrina hatte ein großes weißes Tuch um den Hals gebunden, das ihr bis über den Schoß reichte.

„Sie sind dann wohl der Kommissar aus Kleve."

Peter Verhoeven legte die Gabel aus der Hand und sah ihn herausfordernd an.

„Richtig, Toppe ist mein Name. Und dies ist meine Kollegin, Frau Steendijk."

„Kollegin?" Peter Verhoevens Blick wanderte klebrig über Astrids Körper. „Aha. Na, das sind Arbeitsbedingungen!"

„Sie sind sicher Peter Verhoeven, nicht wahr?"

„Ganz recht. Und was verschafft uns die Ehre Ihres Besuches?"

Er war ein großer, breiter Mann mit schwarzem, dicken Haar und braunen, unruhigen Augen. Sein Mund war ungeduldig und vorwurfsvoll; trotzdem war er alles in allem nicht unattraktiv. Neben ihm wirkte seine Frau unscheinbar und ältlich, obwohl er sicher auch schon um die Fünfzig sein mußte.

„Nun ja, es gibt noch einige Fragen", antwortete Toppe, „aber essen Sie ruhig in Ruhe zu Ende."

„Nix da", Wilhelm Verhoeven zog seine Augenbrauen zusammen. „Nachher ist kein' Zeit zum Reden. Die Arbeit tut sich nicht von selbst."

„Ach ja, Vatter, was ich noch sagen wollt'..." Peter Verhoeven lehnte sich weit zurück und streckte sich. „Ich kann nicht mit raus. Hab' noch in der Stadt zu tun."

Wilhelm Verhoevens Gesicht blieb unbewegt. „Hab' nichts anderes erwartet. Fragen Sie, Herr Toppe."

„Gut." Toppe zwängte sich mit Astrid auf die Eckbank.

„Zunächst also zu Ihnen, Herr Verhoeven. Wir haben bisher noch nicht miteinander gesprochen. Würden Sie mir einmal aus Ihrer Sicht den Tathergang schildern?"

„Kann mich kaum erinnern. Ich weiß nur das, was Ingeborg mir erzählt hat." Er schob den Teller von sich und rieb sich den Nacken. „Gibt immer reichlich Bier beim Krönungsball."

„Ich habe ihn auch schon gefragt, ob er irgendwas bemerkt hat", mischte sich Ingeborg ein, „aber er weiß überhaupt nichts mehr. Soll ich einen Kaffee kochen?"

„Gern, danke", kam Astrid Toppe zuvor.

„Kaffee", knurrte Wilhelm und ging zum Küchenschrank. Sein linker Fuß steckte in einem hohen orthopädischen Schuh, und er hinkte nicht schlecht, aber trotz dieser Behinderung und seiner höchstens 1,65 m wirkte er drahtig und stark. Mit einer Steinhägerflasche und zwei Schnapsgläsern kam er zurück.

„Sie auch?"

„Gut. Einen kann ich", nickte Toppe.

Ingeborg fing an, den Tisch abzuräumen. Anscheinend hatte es allen bis auf Hendrina den Appetit verschlagen. Die Alte hatte sie bisher nicht einmal angesehen.

„Wir gehen davon aus, daß der Täter auf dem Krönungsball gewesen ist. Versuchen Sie, sich einmal ganz genau an den Abend zu erinnern. Ist einem von Ihnen eine Person besonders aufgefallen?"

„Wie meinen Sie das?" fragte Peter.

„Nun, ein Unbekannter, vielleicht jemand, der Heinrich Verhoeven beobachtet hat, in seiner Nähe war."

„Nicht, daß ich wüßte. Außerdem, auf unserem Schützenfest sind immer eine Menge Leute, die man nicht kennt."

„Und wo waren Sie, als der Mord passierte?"

„Ich?" wunderte sich Peter Verhoeven. „Ich war mit ein paar Freunden an der Theke. Von der ganzen Geschichte habe ich gar nichts mitgekriegt. Dann kam jemand und schrie was von Schüssen auf dem Friedhof, und ich bin mit den anderen hin. Dann habe ich mich nur noch um Tante Mia gekümmert. Die ist ja völlig zusammengebrochen, die arme Frau."

Astrid nahm ihren Schreibblock aus der Tasche.

„Ist das ein richtiges Verhör?"

„Eine Vernehmung", antwortete Toppe. „Frau Verhoeven, Sie haben mit Ihrem Schwiegervater und Ihrem Onkel zusammen das Fest verlassen. Ist noch jemand mit Ihnen hinausgegangen?"

Ingeborg schüttelte ungeduldig den Kopf. „Herr Toppe, ich hätte es Ihnen doch längst gesagt, wenn ich einen im Verdacht hätte."

„Minne Melk!" kreischte Hendrina und schlug mit der Hand auf den Tisch.

„Ja doch, Mutter." Ingeborg füllte einen Becher heiße Milch aus der Kanne auf dem Herd ab.

Astrid beobachtete fasziniert und angeekelt, wie die Alte gut die Hälfte der Milch aus den Mundwinkeln auf ihr Tuch sabberte.

„Wußte jemand, daß Sie gehen würden?" fragte Toppe weiter, als Ingeborg sich wieder gesetzt hatte. „Ist jemand kurz vor Ihnen rausgegangen?"

„Mein Gott. Wie sollte ich das denn mitkriegen! Da waren sicher noch hundert Leute im Saal. Da geht doch immer mal einer raus. Außerdem hatte ich alle Hände voll zu tun mit den beiden Männern. Und ich hab' doch auch mit nichts gerechnet. Da guckt man doch auf so was nicht."

„Sicher. Dann versuchen Sie doch einmal, ganz genau zu schildern, wie Ihr Aufbruch abgelaufen ist."

„Du meine Güte!" Ingeborg stützte die Stirn in die Hand.

„Ich habe, mein' ich, meinem Schwiegervater gesagt, daß wir jetzt gehen sollen… Und dann ist Vatter auch gleich aufgestanden. Onkel Hein wollte mit, kriegte aber seine Jacke nicht an und wollte sich nicht helfen lassen…"

„Der Pastor wollte noch einen mit mir trinken, aber ich hab' gesagt, daß ich gehe", erinnerte sich Wilhelm.

„Ja, und er war schon fast draußen, als ich mit Onkel Hein kam. Aber dann mußte mein Schwiegervater noch mal zur

Toilette, und ich habe mit Onkel Hein draußen gewartet. Dann sind wir gegangen. Wenn man das gehen nennen kann."

Wilhelm Verhoeven knurrte, aber er sagte nichts.

„An welchem Tisch haben Sie gesessen?"

„Vor der Bühne, bei den Ehrenmitgliedern."

„Sie mußten also quer durch den ganzen Saal zum Ausgang?"

„Ja."

„Haben Sie bemerkt, daß Ihre Frau mit den beiden Männern aufbrach?"

„Ich?" Peter Verhoeven lächelte einfältig. „Nein, ich stand an der Theke mit dem Rücken zum Saal. Und außerdem habe ich mich mit Freunden unterhalten."

„Herr Verhoeven", wandte sich Toppe wieder dem Alten zu, „wie war Ihr Verhältnis zu Ihrem Bruder?"

Wilhelm Verhoeven sah ihn lange aus seinen trüben wasserblauen Augen an.

„Normal."

„Standen Sie sich nahe?"

„Ja, Gott…"

„War Ihr Bruder in Schwierigkeiten? Hatte er Probleme mit jemandem?"

„Nich', daß ich wüßte."

„Hätte er es Ihnen erzählt, wenn er Probleme gehabt hätte?"

„Doch, doch…"

Toppe wartete.

„Waren Ihre Söhne auch auf dem Krönungsball, Frau Verhoeven?" unterbrach Astrid nervös die Stille.

„Frank und Andreas? Ja, natürlich. Warum?"

Toppe legte beide Hände auf den Tisch und beugte sich vor. „Ich möchte Sie alle bitten, noch einmal über Heinrich Verhoeven nachzudenken. Für diesen Mord muß es ja einen Grund geben. Und Sie sollten sich auch noch einmal in Ruhe hinsetzen und sich an diesen Schützenabend erinnern. Vielleicht fallen Ihnen ja doch noch Einzelheiten ein."

„Auge um Auge, Zahn um Zahn", sagte Hendrina mit fester Stimme, „aber mein ist die Rache, spricht der Herr."

Auf den schmalen Straßen, die in vielen engen Kurven die Ackergrenzen markierten, fuhren sie langsam ins Dorf zurück.

„Und Ihr Anruf in Duisburg hat uns nicht weiterbringen können?" wollte Toppe wissen.

„Nein." Astrid drehte sich eine Zigarette. „Die Ermittlungen über die Schießerei damals sind wohl im Sand verlaufen, aber die Kollegen schicken uns die Akten trotzdem mal rüber. Soll ich Ihnen auch eine Zigarette drehen?"

„Nein, danke. Ich bin hungrig."

„Also, mir hat's gründlich den Appetit verschlagen."

„Wegen der alten Hendrina?"

Astrid nickte. Sie hatte bisher noch gar nichts über ihren Besuch auf dem Hof gesagt.

„Dann fahren wir jetzt als erstes noch mal zu den Bäckersleuten und befragen sie nach Details auf dem Fest. Vielleicht hat sich die Ehefrau auch schon wieder ein bißchen gefangen und kann uns mehr über ihren Mann erzählen."

Heinrichs hatte eine Folie vor die große Landkarte vom Kreis geheftet, die an der Wand im Büro hing, und zeichnete mit verschiedenfarbenen Filzstiften Linien und Kreuze.

„Was machst du denn da?" wunderte sich Breitenegger, der gerade zur Tür hereinkam.

„Pst." Heinrichs malte zwei blaue Kreise. „Ich versuche, mal mit ein bißchen Systematik an die Sache ranzugehen. Man muß sich genau die Fluchtwege vergegenwärtigen."

Er strichelte eine schwarze Linie.

„Mir ist da nämlich diese Nacht der Fall Reinecke wieder eingefallen. Da ist die Polizei nur durch die Rekonstruktion der Fluchtwege auf den Aufenthaltsort des Täters gekommen. Der Fall Reinecke, Brandenburg 1924."

„Brandenburg, 1924." Breitenegger lachte dröhnend. „Du und die Kriminalgeschichte! Systematik!"

„Na, hör mal", drehte sich Heinrichs um, verstummte abrupt, fragte dann: „Und was machst du da?" und zeigte auf den Dackel, den Breitenegger ganz behutsam im Arm hielt.

„Na ja", druckste Breitenegger, „Franz Josef ist so schwer erkältet, und meine Frau mußte für drei Tage nach München, und ich wollt' ihn halt nicht allein lassen."

„Und so lange soll der jetzt hierbleiben?"

„Der stört doch nicht."

„Ganz sauber tickst du nicht, Günther. Aber mir soll's egal sein. Bin bloß gespannt, was der Stasi dazu sagt."

„Der soll sich mal erdreisten! Komm, Franzl, der Papa hat dein Körbchen mitgebracht. Gehst schön in die Heia jetzt."

„Ihr braucht es euch gar nicht erst gemütlich zu machen. Wir müssen ins Krankenhaus; ich hab' bloß noch auf dich gewartet. Look scheint endlich wieder klar im Kopf zu sein."

„Ach herrjeh! Na, dann komm, Franzl." Breitenegger nahm den Hund wieder auf den Arm.

„Du solltest die Decke aus dem Korb mitnehmen, damit unser süßes Babylein sich nicht noch mehr verkühlt. Tutti, tutti, tutti…" Heinrichs kraulte Franz Josef hinterm Ohr, aber der gähnte nur hochnäsig.

„Wie willst du ihn übrigens ins Krankenhaus schmuggeln?"

„Das laß man meine Sorge sein", entgegnete Breitenegger pikiert.

„Was faselst du denn da ständig von einem Aufkleber, Look?" Heinrichs Humor begann merklich zu bröckeln, denn bis jetzt hatte ihnen Look nichts Neues erzählen können.

Er lag mit dickbandagiertem Kopf sehr elend im Bett und hatte gehörige Schwierigkeiten mit dem Sprechen.

„Das einzige, was mir an dem Motorrad aufgefallen ist, war so'n kleiner weißer Aufkleber hinten."

„Und was war das für einer?"

„Das weiß ich eben nicht mehr so genau. Ich kann mich ja immer noch nicht richtig erinnern. Ist alles nur ganz dunkel und verschwommen. Aber ich hab' so einen schon mal gesehen. Irgendso 'ne Schnapsfirma, mein' ich."

„Sehr hilfreich, Look, wirklich sehr hilfreich. Und das ist alles, was du uns zu sagen hast?"

„Mir geht's schlecht." Beleidigt drehte sich Look auf die Seite.

„Selber schuld", giftete Heinrichs. „Wolltest du eigentlich zum Film mit der Nummer? Hast wohl gedacht, du kriegst 'n Oscar dafür."

„Tja, fit bist du wirklich noch nicht", schaltete sich Breitenegger ein. „Denk' noch mal in Ruhe nach, Junge. Du weißt, wie wichtig die Sache ist. Wir kommen morgen noch mal wieder."

Den ganzen Weg zum Parkplatz runter meckerte Heinrichs vor sich hin. Breitenegger schloß den Wagen auf.

„Setz' dich nach hinten, Walter."

„Wieso? Geh' ich dir auf die Nerven?"

„Das nicht, aber…"

Franz Josef hatte auf den Beifahrersitz gepinkelt.

14

Draußen wurde es schon langsam hell, als Astrid sich schließlich entspannt in Klaus van Gemmerns Arme kuschelte.

„Schön war's."

„Mmh."

„Auch wenn ich morgen wahrscheinlich vor lauter Müdigkeit nicht aus den Augen gucken kann."

„Wie kommt ihr denn voran mit eurem Mord?"

Sie erzählte ihm von ihren spärlichen Ergebnissen und den Leuten, die sie kennengelernt hatte.

„Heute hatte ich ein ganz spannendes Gespräch mit diesem Frank Verhoeven, diesem Enkel da vom Hof."

Er drehte sich auf den Rücken und verschränkte die Arme hinter dem Kopf.

„Und was war so spannend daran?"

„Der ist Agronom und arbeitet neben seinem Job noch bei einem Freund auf einem kleinen Hof. Da geht alles ganz ökologisch zu. Ohne Kunstdünger, nur Gründüngung, Naturdünger und so was; Methoden von ganz früher. Also, was ich in Keeken für Mengen von Chemie hab' rumstehen sehen in den Scheunen! Kunstdünger ist doch völlig überflüssig, macht nur das Grundwasser kaputt."

„Hm."

„Was: hm?"

„Du redest von Dingen, von denen du nicht viel verstehst."

„Was!" Sie stützte sich auf den Ellbogen. „Erzähl mir nur nicht, daß du diese ganze Bodenverseuchung auch noch unterstützt!"

„Quatsch! Aber weißt du eigentlich, daß die Menschen da in der Niederung kaum eine andere Einnahmequelle haben als die Landwirtschaft? Und die ganze Gegend ist Hochwassergebiet. Vor den Deichbauten, bis 1964, und bevor sie ihre Weteringe, das sind diese Abflußgräben auf den Feldern, gebaut hatten, stand das Wasser manchmal mehr als sechs Monate auf den Feldern."

„Und was hat das mit Kunstdünger zu tun?"

„Was meinst du, wie übersäuert der Boden ist, wenn das Wasser zurückgeht. Also nicht nur, daß man die Felder ein halbes Jahr nicht bewirtschaften konnte, den Rest der Zeit brachte der schlechte Boden auch noch kaum Erträge. Und das war so, bis es den ersten Kunstdünger gab. Und was heißt eigentlich Kunstdünger? Die düngen doch heute alle meist mit Guano."

„Aha. Und was ist das?"

„Das sind Exkremente von Seevögeln, sehr phosphat- und

stickstoffreich. Durch Umsatz mit Kalk kommt es zur Bildung von Calciumphosphat. Das Ganze ist ein organischer Dünger."

„Also organischer Dünger ist Kunstdünger und schadet trotzdem nicht, oder wie?"

„Das kann man so generell nicht sagen. Es ist nur nicht so einfach, wie du es eben dargestellt hast."

„Und was ist mit den ganzen Nitraten im Boden?"

„Die, mein Schatz, kommen durch die Gülle. Naturdünger, wie du gesagt hast."

„Danke für die Belehrung, mein Herr."

„So war das nicht gemeint, und das weißt du auch."

„Okay." Sie küßte ihn auf die Nase und fing an, sich eine Zigarette zu drehen. „Können wir jetzt über wichtigere Dinge reden? Über uns zum Beispiel?"

Er setzte sich auf den Bettrand und zog sich sein T-Shirt über.

„Was ist los?"

„Nichts. Ich mag's einfach nicht, wenn du im Bett rauchst."

„Du magst so vieles nicht mehr an mir, nicht wahr?"

Er schwieg.

„Soll ich gehen?"

„Ist wohl besser."

Er zog sich seine Jeans an und ging hinüber zum Plattenregal.

Sie suchte hastig ihre Sachen zusammen und wollte ins Bad. In der Tür blieb sie stehen. „Für immer?"

Er drehte sich um und sah sie ausdruckslos an. „Das mußt du selbst entscheiden."

Als sie schon im Parka war, öffnete sie noch einmal die Zimmertür und rief: „Meine Zahnbürste kannst du behalten."

Aber gegen Jimmy Hendrix' ‚Voodoo Chile' über Kopfhörer hatte sie keine Chance.

Für Freitagmorgen hatte der Chef eine Pressekonferenz angesetzt. Toppe mied, wenn es irgend möglich war, diese Großveranstaltungen, bei denen er sich immer unwohl fühlte und auch selten den richtigen Ton fand. Sein früherer Chef hatte das sehr gut zu kaschieren gewußt, denn er war ein Meister der leeren aber effektvollen Floskeln gewesen. Stanislaus Siegelkötter aber ließ Toppe allein im Regen stehen; er hielt sich mit steinernem Gesicht, in dem höchstens mal ein Mundwinkel zuckte, im Hintergrund und beobachtete, wie Toppe linkisch seine einsilbigen Antworten gab. Zwar sorgte Astrid für ein paar optische Kilometer, und einige Reporter richteten ihre Fragen bevorzugt an sie, aber der Gesamteindruck, den die Presse gewinnen mußte, war doch der, daß die Kripo ungeschickt und halbherzig im Trüben fischte.

Im Anschluß an diesen Spießrutenlauf zitierte Siegelkötter Toppe zu sich.

Kalt und geschäftsmäßig saß er in seinem schwarzledernen Drehsessel und ließ Toppe wie einen dummen Jungen vor dem Schreibtisch stehen.

„Ich bin mit Ihrer Arbeitsweise absolut unzufrieden, Herr Toppe."

„Das tut mir leid, Herr Siegelkötter, aber wenn Sie die Berichte gelesen haben, dürften Sie wissen, wie schwierig dieser Fall ist."

„Berichte nennen Sie das?" Er schlug eine der Akten auf seinem Schreibtisch auf. „Ich habe mir Ihre Papiere kommen lassen und festgestellt, daß Sie bisher durchaus erfolgreich gearbeitet haben. Ihre Beurteilungen sind ausnahmslos gut. Um so mehr erstaunt mich Ihre momentane Arbeitsweise."

Mit einem Knall schloß er den Aktendeckel.

„Machen wir's kurz: Ich erwarte von Ihnen effizientere Untersuchungen und korrekte, detaillierte Berichte, die pünktlich auf meinem Schreibtisch liegen."

Toppe verzog keine Miene.

„Und noch etwas: Frau von Steendijk wird Ihnen ab heute nur noch begrenzt zur Verfügung stehen. Ich benötige sie dringend hier im Präsidium für die anfallenden Arbeiten. Ein Hauptkommissar mit Ihren Erfahrungen dürfte mit diesem, meiner Ansicht nach übrigens wenig komplizierten Fall, auch allein keine Schwierigkeiten haben."

Toppe starrte auf den Feininger-Druck, der hinter Siegelkötters Schreibtisch an der Wand hing.

„Ich denke, wir haben uns verstanden, Herr Toppe."

„Ich Sie durchaus, Herr Siegelkötter."

„Nun, dann wäre das zunächst alles. Schicken Sie mir bitte Frau von Steendijk."

15

Hein Verhoevens Beerdigungsnachfeier im Schützenhaus war so klassisch niederrheinisch, daß Toppe sich die ganze Zeit vorkam, als säße er in einem Stück der katholischen Laienspielschar Materborn.

Es gab Streusel- und Zuckerkuchen, Schwarzbrot mit Goudakäse, und die Männer tranken zum Kaffee Doppelkorn und rauchten Handelsgold 80er Fehlfarben. Die Tische waren in Hufeisenform aufgestellt; man saß und redete gedämpft und lachte schrill. Die Gesprächsfetzen, die er mitbekam, erinnerten ihn so sehr an Hüsch, daß er es kaum glauben konnte.

„Inne Kerk konnt' man gut merken, dadet jetz' doch Herbst wird."

„Nimm dich doch noch 'n Stücksken mit für unterwechs. Du muß ja noch nach Rheinhausen hin."

„Die Mia, also wie die Frau sich hält! Wie 'ne Eins."

„Hast du die Trappmann gesehen? Hut mit Schleier! Als wenn die zur Familie gehörte."

„Wo die Bimmener dat Lied vom Kameraden gespielt haben, dat ging einem ja doch anne Nieren."

„Mitten aus dem Leben gerissen... hader wirklich schön gemacht, unser Pastor."

Toppe redete mit niemandem, nickte nur ab und zu, wenn ihm einer freundlich zuprostete.

Auf der Beerdigung waren sicher mehr als dreihundert Leute gewesen; die meisten hatten in der Kirche keinen Sitzplatz mehr gekriegt. Toppe hatte sich so unauffällig wie möglich ganz nach hinten an die Tür gestellt, aber alle hatten ihn sofort bemerkt und mehr oder weniger nett gegrüßt. Bongartz, der im Dienst war und deshalb Uniform trug, hatte sich kurz erkundigt, wie weit er denn gekommen sei. Und dann hatte ihn Klaus Verhoeven beim Hinausgehen zur Nachfeier eingeladen. Mia Verhoeven, die neben ihrem Sohn an der Stirnseite des Hufeisens saß, hielt sich wirklich gut. Sie war ein wenig bläßlich, aber sie hatte am Grab nicht geweint und alle Beileidsbekundungen ruhig entgegengenommen. Jetzt unterhielt sie sich und verabschiedete sich ausführlich von jedem, der schon gehen mußte.

Es war doch eine merkwürdige Sache mit der Trauer. Im Süden und Osten maß man die Trauer an der Lautstärke des Heulens und Klagens. Und hier? Man war ernst, aber man war gefaßt. Keine Tränen in der Öffentlichkeit. „Sehr tapfer, wie sie sich hält." Wie oft hatte er das heute gehört. Tapferkeit war also die große Tugend. Mit den anderen Gefühlen war es auch nicht viel anders. Man heulte nicht in der Öffentlichkeit, man tobte nicht, man lachte nicht zu laut, man liebte sich nicht öffentlich und hassen durfte man überhaupt nicht.

Ein paar Plätze weiter links von Toppe saßen die anderen Verhoevens, Wilhelm, Peter, Ingeborg und sogar Hendrina. Irgendjemand mußte sie in die Badewanne gesteckt haben, denn sie war ziemlich sauber. Nur die Fingernägel waren immer noch krallig und schwarzgerändert. Sie trug einen altmodischen schwarzen, randlosen Hut, der mit einem dicken Gummiband unter dem Kinn festgemacht war. Vermutlich wäre er ihr sonst durch das stetige Kopfwackeln verrutscht, trotzdem sah es grotesk aus.

„Soll ich dir den Kuchen kleinschneiden, Mutter?" Ingeborg beugte sich über Hendrinas Teller.

„Wech! Kann ek eiges." Sie schlug mit der Gabel nach Ingeborgs Hand.

Blecheweise hatte sie Streuselkuchen gebacken, blecheweise. Damals in dem elenden Winter 46. Das gute Mehl aus Holland. Was wär' aus dem Hof geworden ohne das Schmuggelgeld? Gezittert hatte sie jede Nacht, wenn Willi draußen war mit den anderen; die Telefonkette hatte sie gemacht, damit sie immer wußten, wo die Zöllner gerade waren; manchmal hatte sie auch die Lichtsignale gegeben. Aber, hatte sich doch gelohnt, die Angst. Wie feine Leute hatten sie leben können, fast wie feine Leute. Genug Geld für Vieh und Futter. Und ewig hätte das weitergehen können, ewig, wenn Peter, das verfluchte Balg, seinen Mund gehalten hätte. Konnte man doch erwarten von einem Siebenjährigen, daß er den Mund hielt. 46, da hatte sie noch Streuselkuchen gebacken...

„Komm, Mutter, ich helf' dir doch lieber."

Hendrina ließ die Arme hängen, und die Gabel klirrte auf den Boden.

Toppe trank seinen letzten Schluck Kaffee aus und ging zu Mia Verhoeven hinüber, um sich zu verabschieden. „Sagen Sie, die Familie Trappmann aus Essen, die war doch auch auf der Beerdigung?"

„Ja, die sind extra bis heute geblieben."

„Danke. Auf Wiedersehen."

Toppe schlenderte langsam durchs Dorf. Es war halb sechs, und keine Menschenseele war zu entdecken, nur ein dicker Kater saß auf einem Zaunpfahl und beobachtete Toppe gelangweilt. Wären nicht die paar Autos gewesen, die vereinzelt am Straßenrand parkten, man hätte glauben können, man sei in die dreißiger Jahre gesprungen oder in die zwanziger, in jede Zeit eigentlich seit dem Ende des vorigen Jahrhunderts. So langsam fühlte er sich in dieser Atmosphäre ganz heimisch. Er bog um die Friedhofsecke und ging auf das gelbe Haus am Feldweg zu. Im Vorgarten stand eine Blutbuche, die mindestens zweihundert Jahre alt war und gerade die ersten Blätter abwarf.

Trappmanns waren im Aufbruch. Sie mußten nach Essen zurück; Lothar Trappmann hatte dringende Termine. Sie waren eilig, aber nicht unfreundlich; boten Toppe an, im Wohnzimmer Platz zu nehmen, was er dankend ablehnte; er hatte nur wenige Fragen.

Ja, sie hatten Heinrich Verhoeven gekannt; nicht besonders gut, sie wohnten ja noch nicht lange hier. Ein schrecklicher Todesfall, und so unglaublich. Ja, auf dem Krönungsball waren sie auch gewesen, aber schon um kurz nach elf gegangen, schließlich mußten sie um sechs Uhr aufstehen. Doch, sie waren von dem Schuß aufgewacht, hatten ihn aber mit dem Schützenfest in Verbindung gebracht und waren nicht aufgestanden; deshalb hatten sie nichts beobachten können. Ob sie sonst noch etwas gehört hätten? Nein.

„Doch, warte mal, Lothar, da war doch ein Motorengeräusch weiter unten vom Feld her, kurz nach dem Knall", erinnerte sich Marita Trappmann. „Ja, ich bin ganz sicher."

„Auf dem Feldweg?" fragte Toppe. „Was für ein Motorengeräusch?"

„Ja, weiter unten auf dem Feldweg. Was für ein Geräusch? Gott, ziemlich laut; ein Motorrad oder ein altes Auto, ein Lieferwagen vielleicht. Ich weiß das nicht so genau."

Also hatte er recht gehabt. Der Täter war über den Feldweg geflohen. Und von dort aus konnte er entweder zur Landstraße gefahren sein oder aber über einen der Wege nach Holland. Also keiner aus dem Dorf. Oder doch? Würden die sich, wenn's hart auf hart kam, letztlich nicht doch alle gegenseitig decken? Konnte man nicht ausschließen, aber bis jetzt sprach auch noch nichts dafür. Und es blieb nach wie vor die Frage nach dem Motiv völlig ungeklärt. Das einzige, was er bis jetzt in der Hand hatte, war die Waffe, die schon mal in Duisburg benutzt worden war. Er hatte die Akte durchgesehen. Ein paar Namen, ein paar Überprüfungen, nichts Handfestes; alles war im Sand verlaufen. Was hatte er noch? Vage Beschreibungen der Unbekannten auf dem Schützenfest, Beschreibungen, wie sie auf Tausende zutrafen. Karg.

Nachdenklich fuhr er auf der Landstraße Richtung Kleve. Erst als ihn der dritte Wagen hupend überholte, merkte er, daß er nicht mal fünfzig fuhr. Viertel nach sechs; Freitag; Wochenende. Er hatte Hunger und Lust auf ein Bier und auf ein bißchen Wegtauchen. Gabi war bestimmt noch in der Praxis; freitags kam sie selten vor acht. In Rindern hielt er an der Telefonzelle an und wählte Astrid Steendijks Privatnummer, aber es nahm keiner ab.

Sie hatten sich gestritten. Zum wievielten Mal in dieser Woche? Sie würde morgen mit der Doktorin, wie sie ihre Chefin nannte, nach Düsseldorf auf eine Demo fahren, Ärzte gegen den Atomkrieg, und abends wollten sie dann noch in die Altstadt. Er konnte doch wohl auch mal mit den Jungen... Mordfall! Der konnte doch wohl am Wochenende mal für ein paar Stunden warten. Und so weiter. Toppe holte sich ein neues Päckchen Eckstein aus dem Wohnzimmerschrank.

Es war halb vier. Gabi schlief seit Stunden. Wieso hatte er früher nie bemerkt, wie dickfellig sie war? Wie konnte sie schlafen nach so einem Streit! Neben der Ecksteinstange fand er eine Flasche Schwarze Frühstückskorn. Er nahm eins von den „guten" Saftgläsern, Hochzeitsgeschenk von der Schwiegermutter, die Gabi nur zu Festlichkeiten rausholte, und goß es bis zum Rand voll. Dann legte er sich aufs Sofa, rauchte und trank und grübelte vor sich hin.

Als Gabi um halb sechs aufstand und sich feinmachte für Düsseldorf, schlief er immer noch nicht. Sie kam herein, frischgeduscht und ausgeschlafen, öffnete die Fensterläden und setzte sich zu ihm auf die Sofakante. „Was ist bloß los mit dir?"

„Nix."

„Auch gut."

Sie ging hinaus. Kurz darauf hörte er die Haustür zuschlagen. Sie hatte sich nicht einmal von ihm verabschiedet.

16

Gegen zehn, als er gerade mit Christian und Oliver beim Frühstück saß, rief Astrid an.

„Ich hab' Sie gestern gar nicht mehr im Büro gesehen. Wie steht's denn. Irgendwas Neues?"

„Nein, nichts. Ich war auf der Beerdigung."

„Und was sagen Sie zum Stasi?"

„Was soll ich dazu sagen? Am besten gar nichts."

„Hab' ich mir auch gedacht. Aber Sie wissen doch, daß ich trotzdem an dem Fall mitarbeiten will, und wenn's außerhalb der Arbeitszeit ist. In Ordnung?"

„In Ordnung."

„Ich habe gestern abend meinen ersten eigenen Tötungsfall gehabt und ihn auch gleich abschließen können."

„Gratuliere. Was war's denn?"

„Nicht besonders schwierig. Eine Messerstecherei zwischen zwei Alkies. Der Täter hatte die Waffe noch in der Hand."

„Hm. War bestimmt nicht so schön für Sie."

„Och, so mit der Zeit erschüttert einen so was nicht mehr ganz so arg. Sehen wir uns am Montag?"

„Haben Sie heute schon was vor?"

„Nein, eigentlich nicht. Ich bin gerade erst aufgestanden."

„Haben Sie Lust, mit meinen Kindern und mir nach Xanten zum Archäologischen Park zu fahren?" Die Idee war ihm gerade erst gekommen. „Wir können dann in Ruhe noch einmal den ganzen Fall durchsprechen."

„Ja." Sie lachte. „Ja, dazu hab' ich viel Lust. Wann denn?"

„Von mir aus gleich."

„Prima, dann bin ich in einer halben Stunde bei Ihnen."

„Nein, lassen Sie. Diesmal hole ich Sie ab."

Er legte auf und war schon die halbe Treppe raufgelaufen, als er ins Eßzimmer rief: „Macht euch fertig, wir fahren nach Xanten!"

Den Jubelschrei seiner Söhne kriegte er schon nicht mehr mit, denn er hatte es plötzlich ganz eilig, zu duschen und sich die durchwachte Nacht aus dem Gesicht zu waschen. „Auf der Reeperbahn nachts um halb eins", sang er mit seiner allerschönsten Hans-Albers-Stimme.

Sie hatten einen der letzten richtig warmen Herbsttage erwischt, und im Römischen Park war es brechendvoll, aber das machte Toppe gar nichts. Er kaufte jedem der Jungen vier Eis, was sonst absolut tabu war, später sogar noch Cola und Fritten und ließ sie einfach laufen. Mit Astrid redete er über Gott und die Welt, nur über den Fall sprachen sie nicht.

Sie kletterte mit den Kindern bis ganz oben in die Holzburg auf dem Spielplatz und spielte Fangen mit ihnen auf der Wiese, während er im Gras saß und zuschaute. Wenn sie so lachte und rumtobte, sah sie noch viel jünger aus, als sie war.

„Puuh." Sie ließ sich der Länge nach ins Gras fallen, schloß die Augen und atmete tief. Ihre schwarze Bluse war völlig verrutscht.

„Wir gehen noch mal zur Hängebrücke, Papa!" rief Oliver.

„Okay!"

Er drehte sich von ihr weg, zog die Beine an und umschlang die Knie mit den Armen.

„Was ist?" fragte sie leise.

Er zuckte nur die Schultern, weil er nicht wußte, was er sagen sollte; er wußte nicht einmal genau, was er dachte.

„Geht's dir nicht gut?" Sie setzte sich auf und streichelte mit ihrem Zeigefinger ganz zart sein Handgelenk.

„Doch." Er sah ihr in die Augen. „Doch, mir geht's gut, und wir können beim ‚Du' bleiben."

Sie kniete sich hin.

„Ja, du", sagte sie ernst und küßte ihn ganz kurz auf den Mund.

Als sie sich wieder zurücklehnen wollte, faßte er sie an den Oberarmen und zog sie zu sich heran. Er küßte sie hart. Sie schob ihre Zunge in seinen Mund. Abrupt ließ er sie los.

„Entschuldige, ich wollte das nicht."

„Aber ich wollte es", antwortete sie ruhig.

Er sah sie unsicher, fast abweisend an.

Sie hielt ihm ihre Hand hin. „Komm, wir gehen die Jungs suchen."

Es knallte laut; das typische, schauerliche Geräusch, wenn Blech auf Blech trifft. Er ließ seinen Big Mäc in die Styroporschale fallen und hastete zum Fenster. Nein, Gott sei Dank, sein Bock war unbeschädigt. Obwohl, die Alte hatte ihn nur ganz knapp verfehlt. Mann, da wär' was los gewesen! Die war wohl rückwärts aus der Parkbucht raus und den Wagen, der da ankam, hatte sie nicht gesehen. War ja auch schon etwas älter, das Mädchen, mindestens siebzig. Gott, wie die da jetzt rumrannte; wie so'n aufgescheuchtes Huhn. Das Kind in dem anderen Auto hatte wohl was abgekriegt, blutete am Kopf. Na, ihm konnt's egal sein. Immer mehr Leute liefen zusammen und nahmen ihm die Sicht. Sogar die Penner und Junks vom Rondell setzten sich in Bewegung, um zu gucken, was da für'n Film ablief. Ach, da kamen auch schon die Bullen. Egal, er würde jetzt in Ruhe seinen Big Mäc essen und noch zwei, drei Cola trinken. Bis dahin würden die da draußen ja wohl fertig sein.

Die Katastrophe hätte keiner mehr abwenden können. Heinrichs hatte, als er zur Toilette ging, die Bürotür offengelassen, und Franz Josef, der sich inzwischen hier schon wie zu Hause fühlte, war Breiteneggers väterlicher Obhut entwischt. Laut kläffend flitzte er den Flur entlang. Breitenegger brüllte im besten Befehlston hinter ihm her, aber es war schon zu spät.

Die Tür am Ende des Flurs wurde geöffnet, und heraus trat Stanislaus Siegelkötter. Franz Josef hüpfte ihm freudig an den Beinen hoch, seine Stimme überschlug sich vor Begeisterung.

Siegelkötter sah dem heraneilenden Breitenegger konsterniert entgegen.

„Wem gehört dieser Hund?" fragte er schneidend.

Nun war Breitenegger anders als Toppe. Seelenruhig nahm er erst einmal Franz Josef auf den Arm und streichelte ihn, bis er ruhig war.

„Der gehört mir, Herr Siegelkötter. Ein schönes Tier, nicht wahr?"

„Und was, bitte schön, macht der hier im Büro?"

„Ich kann ihn leider in den nächsten Tagen nirgendwo anders unterbringen. Das Tier braucht besondere Fürsorge. Es ist krank."

„Krank?" Siegelkötter drohte seine wohldosierte Kühle zu verlieren.

„Das ist ja wohl absolut unglaublich, Herr Breitenegger. Dies ist ein Polizeirevier und kein Tierasyl." Man konnte fast sagen, daß er brüllte.

„Es dürfte Ihnen, Herr Siegelkötter, bekannt sein, daß es in anderen Betrieben und öffentlichen Einrichtungen durchaus gängig ist, daß stillende Mütter ihre Säuglinge mit zur Arbeit bringen. Ich sehe also nicht ein, warum…"

Jetzt brüllte Siegelkötter wirklich.

„Es ist mir völlig gleichgültig, was Sie einsehen. Stillende Mütter! Solange ich hier Chef bin, greifen solche Zustände jedenfalls nicht um sich. Sie entfernen sofort das Tier, oder es wird Konsequenzen für Sie haben!"

Breitenegger sah ihn kalt und mitleidig an. Dann drehte er sich auf dem Absatz um und stapfte zum Büro zurück.

17

Die Tage gingen ins Land; im Mordfall Verhoeven bewegte sich nichts. Toppe fuhr nach Duisburg, mehr aus Ratlosigkeit, sprach dort mit den Kollegen über die Waffe, aber es brachte nichts Neues.

Fast täglich fuhr er raus nach Keeken.

Der Chef ließ ihn einstweilen gottlob in Ruhe und richtete seine Aufmerksamkeit hauptsächlich auf Breitenegger und den Motorradfall.

Astrid sah Toppe so gut wie gar nicht mehr; es war ihm nur allzu recht, denn seit der Szene in Xanten puckerte sein Gewissen.

Dabei war ja eigentlich nichts passiert. Noch nichts, aber nachts im Bett, während Gabi neben ihm lag, überschlugen sich seine Phantasien, wie es sein könnte mit Astrid. Er verstand sich nicht. Seit er mit Gabi zusammen war, hatte er keine andere Frau mehr in dieser Weise begehrt, hatte er sich zufrieden und sicher gefühlt. Manchmal, wenn Gabi ihn anschaute, glaubte er, sie müsse seine Gedanken lesen können, und schämte sich. Dann war er übergangslos zärtlich, sagte ihr und sich, daß er sie liebe und wieviel sie doch schon gemeinsam erlebt, genossen und gelitten hätten. Er beruhigte sich selbst; betete sich vor, es handele sich um die nur allzu gewöhnliche Midlife-Crisis, die wohl alle einmal traf, und sträubte sich gleichzeitig dagegen, in diesen Topf zu gehören. Er sagte sich, daß Astrid austauschbar sei und war doch nicht sicher. Es schmeichelte ihm, daß sie ihn offensichtlich begehrenswert fand, und gleichzeitig mißtraute er ihr zutiefst. Seine Unzufriedenheit war ihm selbst zuwider, quälte ihn, machte ihn sprachlos und launisch. Die Stimmung zwischen Gabi und ihm war ungesund wechselhaft und anstrengend. Immer öfter blieb er über Mittag im Dorf, aß in einer der beiden Kneipen Jägerschnitzel oder Rippchen mit Rotkohl. Er fühlte sich inzwischen fast heimisch hier, und auch für die Leute schien er schon dazu zu gehören. Sie waren freundlich und offen, luden ihn in ihre Häuser ein zu Kaffee und selbst aufgesetztem Bees.

Er ging zu Hein Verhoevens Stammtisch und versackte. Er redete mit dem Pastor, dem Küster, den Schützenbrüdern, ging zur Probe des Kirchenchores. Aber all das führte ihn nicht weiter; er lernte lediglich das Dorf besser kennen, die Leute genauer einschätzen, auch die Verhoevens, und der Mord wurde immer unerklärlicher.

Er fragte, ob er selbst wohl zufriedener wäre, wenn er hier geboren und aufgewachsen wäre, wie sehr einen wohl diese Atmosphäre prägte, in der in so vielen Dingen die Zeit stehengeblieben schien, alles ein bißchen angestaubt, aber doch so wohlgeordnet war. Gleichzeitig träumte er davon, zurück nach Düsseldorf zu gehen, in eine Altbauwohnung mit hohen Dekken und überhaupt nicht perfekt, ins Theater zu können, ins Kino, in Konzerte, einfach so, kurzentschlossen wieder den Tag zu leben und zu spüren, mit Freunden die Nächte durch zu reden und zu trinken. Er erzählte Gabi davon, aber sie lächelte nur traurig: „Das alles haben wir vor fünfzehn Jahren entschieden. Oder waren die Kinder nicht auch deine Entscheidung?" An die Kinder hatte er dabei überhaupt nicht gedacht, und das ließ wieder sein Gewissen schlagen.

An einem Samstag Ende Oktober wanderte er mit Bongartz, dem er oft über den Weg lief, durchs Dorf, ohne Ziel, ohne Fragen.

„Es ist schon lange nicht mehr so idyllisch hier, wie es Ihnen vorkommt, Herr Toppe", meinte Bongartz. „Vor dem Krieg, als hier nur Keekener wohnten, da konnte man vielleicht von Idylle reden."

„Können Sie sich denn daran noch erinnern?"

„Sicher, ich bin neunundfünfzig."

Er lachte, als er Toppes erstauntes Gesicht sah. „Erbmasse. In unserer Familie halten wir uns alle so lange frisch, und dann die gesunde Landluft. Sie kommen wohl aus der Stadt?"

Jetzt lachte Toppe. „Wieso? Habe ich mich so schlecht gehalten?"

„Nein, nein, um Gottes Willen. Ich mein' bloß, weil Sie das sagten mit der Idylle."

„Ich bin in Meerbusch geboren, aber seit ich achtzehn war, habe ich immer in Düsseldorf gewohnt. Bis ich nach Kleve versetzt wurde."

„Irgendwie merkt man es doch, wenn einer nicht von hier ist. Tja, vor'm Krieg hatten wir sogar noch unseren eigenen Polizisten hier und unser eigenes Gefängnis."

„Wirklich?"

„Ja, kommen Sie, ich zeig's Ihnen."

Sie gingen um das hohe Backsteinhaus am Kriegerdenkmal herum.

„Das war mal unsere Schule. Und hier hinten, im Anbau, war das Gefängnis, nur eine Zelle, aber immerhin."

Toppe sah in den Hof hinein, der heute davon nichts mehr erkennen ließ. Die jetzigen Bewohner der Schule hatten eine große Laube angelegt, einen Gartenteich, und die Gefängniszelle wurde offensichtlich als Geräteschuppen genutzt.

„Und das Doppeltor daneben, das war unsere Feuerwehrstation."

„Sie hatten eine eigene Feuerwehr für dieses kleine Dorf?"

„Keine richtige Feuerwehr, aber immerhin einen eigenen Spritzenwagen mit Handpumpe. Der wurde von einem Pferd gezogen. Heute haben wir ja eine richtige Feuerwehr in Bimmen. Aber damals waren die Dörfer noch streng getrennt. Bimmen war für uns ein Provinzkaff, höchstens hundert Einwohner. Nein, lachen Sie nicht. Es war so. Und die Bimmener Kinder mußten bei uns zur Schule gehen."

Sie kamen an der Volksbankfiliale vorbei, die nur donnerstags geöffnet war, wie ein Schild an der Tür mitteilte, an einer großen Gärtnerei – „die waren früher mal stinkreich; der Alte war einer von den fünf Parteigenossen im Dorf, aber mit Poli-

tik hatten wir nie viel am Hut"- dann am Schützenhaus und
schließlich zur Landstraße.

„Und da drüben auf der anderen Straßenseite, das gehört
auch noch zu Keeken?"

„Ja, bis zum Altrhein runter. Sind nur noch ein paar Häuser."

Sie überquerten die Straße, und Toppe zeigte auf die kleine
weiße Zwiebelturmkirche, die nahe am Deich stand. „Und wieso haben Sie zwei Kirchen?"

„Das ist die evangelische Kirche. Früher hatten wir sogar
zwei Pfarrer. Jetzt werden die paar Evangelischen von Kranenburg aus mitbetreut. Das war ja alles mal ganz anders hier."

Er erzählte sehr lebhaft von den Herren von Bylant, die die
Kirche im frühen 18. Jahrhundert bauen ließen, die hier ihr
Schloß hatten, das aber von einem Hochwasser in den Rhein
gerissen wurde; Holländer waren das gewesen, Calvinisten.

„Damals im 16. und 17. Jahrhundert war dies hier eine be-
deutende Gegend. Da verlief der Rhein noch in seinem alten
Bett und war eine wichtige Handelsstraße, und hier war eine
der Hauptzollstellen. Kann man sich heut' kaum noch vorstellen, nicht?"

Sie stiegen den Deich hoch und blickten auf den Altrhein
und die weite Ebene auf der anderen Seite mit ihren Pappeln
und Weiden, die sich bis zum großen Deich zog, hinter dem
der neue Rhein floß.

„Unsere Altrheininsel. Hier haben wir als Kinder immer
gespielt. Das ganze Jahr über, im Sommer Geländespiele, und
im Winter sind wir hier auf den Kolken und dem Altrhein
Schlittschuh gelaufen. Mit diesen holländischen Schaatsen aus
Holz."

„Und wie sind Sie rübergekommen auf die Insel? Hier ist
doch keine Brücke."

„Na, mit dem Boot. Der Bauer vom Vossegatt hatte eins,
das er uns überließ."

Er lachte leise vor sich hin. „Wenn unsere verschiedenen

Banden mal Krach untereinander hatten, dann haben wir den anderen heimlich das Boot geklaut, und die saßen auf der Insel fest. Wenn sie nach Hause wollten, dann mußten sie schwimmen. Ist mir selbst auch ein paarmal passiert."

Sie hockten sich auf einen Zauntritt, und Toppe zündete sich eine Zigarette an.

„Muß schön gewesen sein hier damals."

„Ja, in der Erinnerung ist das meiste schön, nicht wahr? Die schlimmen Sachen, die vergißt man immer. Wie arm wir damals waren. Im Sommer sind wir barfuß gelaufen, weil wir keine Schuhe hatten, und im Winter in Klompen mit dicken Schaffellsocken drin. Vor der Schule mußten wir die Holzschuhe immer mit Kreide putzen, damit sie wieder hell wurden. Ein paar dicke Bauern gab es, aber die anderen? Kätler ohne Acker, mit einer Kuh, die sie den ganzen Tag an den Wegrändern entlangtrieben, damit sie fressen konnte. Eine Kuh, ein Schwein, ein paar Hühner, aber einen ganzen Stall voll Kinder. Arbeit gab's hier keine. Gut, ein paar Leute wurden in der Molkerei gebraucht, ein paar Knechte auf den Höfen. Die anderen waren froh, wenn sie schon mal Arbeit auf der Ölmühle in Spyck kriegten. Jeden Tag mit der Fiets elf Kilometer hin und elf Kilometer zurück. Und da war die Straße noch nicht asphaltiert, und die Räder hatten Vollgummireifen und eine Karbidlampe vorne. Was meinen Sie, wieviele unverheiratete Männer im besten Alter es hier im Dorf gab, einfach weil sie keine Familie ernähren konnten. Solche Sachen vergißt man leicht."

„Und die Verhoevens gehörten zu den ‚dicken Bauern'?"

„Ja, damals vor dem Krieg war Verhoeven der reichste von allen. Und nachher hat er auch noch ganz gut am Schmuggel verdient. Na ja, aber gucken Sie sich doch die Landwirtschaft heute mal an. Die Bauern buttern doch alle zu. Wenn man ein Loch stopft, reißt man woanders wieder ein neues auf. So ein Hof wie der von den Verhoevens, ein bißchen Milchwirtschaft, ein bißchen Schweinemast, ein bißchen Futterbau, so was rentiert sich nicht mehr. Das ist falsch heute. Obwohl von der Größe her…"

„Ja?"

„Nun ja, man sagt, ein Hof rentiert sich ab einer Größe von achtzig bis hundert Morgen. Die Verhoevens haben über dreihundert."

„Und warum klappt das dann so schlecht?"

Bongartz zuckte die Schultern. „Die EG, heißt es. Aber ich glaube, die hängen einfach noch immer an ihren, wie man so schön sagt, alten Strukturen. Da ist schon seit Jahren nicht mehr vernünftig geplant, nicht mehr sinnvoll investiert worden. Der Enkel, der Frank, der hat eine Menge guter Ideen, und wie mir scheint, freundet sich Wilhelm so langsam damit an. Vielleicht kommen die ja doch noch mal auf die Füße."

Er zog eine Zigarre aus seiner Brusttasche, biß die Spitze ab und spuckte sie ins Gras.

„Der Hein, der hat Glück gehabt, daß er nicht der älteste war und den Hof übernehmen mußte. Hat überhaupt immer Glück gehabt im Leben. Konnte sich früh selbständig machen, hat seine große Liebe geheiratet, die auch noch ein bißchen was an den Füßen hatte. Wohlgeratene, tüchtige Kinder…" er zündete die Zigarre an, „…und dann so ein Ende."

„Ja, dieses Ende scheint wirklich nicht zu passen." Toppe rieb sich die Oberarme. „Lassen Sie uns zurückgehen, es wird kühl."

Bongartz sah über die Ebene hinweg zum Rhein hinüber und stand auf. „Sieht ja harmlos aus, der Fluß, um diese Jahreszeit, nicht wahr? Aber waren Sie schon mal hier, wenn Hochwasser ist?"

„Ja, als Tourist, gewissermaßen. Da fand ich das nur einen faszinierenden Anblick. Mir war gar nicht bewußt, was das für die Bauern bedeutet."

„Mhm, so geht das vielen. Können Sie sich vorstellen, daß der Kampf mit dem Wasser mehr als tausend Jahre gedauert hat? Meine Eltern und Großeltern, die kannten das noch gut, wenn in Hochwasserzeiten die Kirchenglocke läutete; dann kam der Rhein über unseren Deich, und sie schleppten Bretter, Säcke und Reisig und versuchten, das Schlimmste zu verhindern. Da kämpften sie tagelang, auch die Frauen und Kinder, und beteten, daß das Wasser endlich zurückging. Es ist zwar anders heute, aber irgendwie steckt einem das immer noch in den Knochen. Der Rhein ist unser Meister; wenn er freundlich ist, geht es uns gut. Aber, na ja, für die jungen Leute…"

„Was meinen Sie?"

„Die kennen das doch gar nicht mehr. Die Natur ist gebannt, man kann sie kontrollieren. Da verliert man den Respekt, die Ehrfurcht und, ja, auch die Bescheidenheit. Und der Glaube ist ja heute auch nicht mehr wichtig."

„Sind Sie gläubig?"

„Natürlich. Das war nie eine Frage für mich. Aber meine Kinder? Da ist nichts mehr und bei meinen Enkeln erst recht nicht. Trost und Zuspruch, den finden die heutzutage im Fernsehen und in ihren Videos."

„Das bezweifle ich."

„Gut, vielleicht finden die so was auch überhaupt nirgendwo mehr."

„Eben. Aber ob die Kirche die Lösung ist?"

Sie überquerten die Landstraße und wichen einem grauen Mercedes aus, der vom Dorf kommend mit rasanter Geschwindigkeit nach rechts Richtung Kleve abbog. Der Fahrer betätigte grüßend die Lichthupe.

„Peter Verhoeven", knurrte Bongartz, „auch so einer, der nicht mehr weiß, wo er's herholen soll."

18

„Goch, das ist überhaupt keine Frage… Unser Freund kommt aus Goch."

Heinrichs stand mal wieder sinnierend vor der großen Landkarte.

Widerwillig nahm Breitenegger seine Pfeife aus dem Mund.

„Du phantasierst, Günther, glaub' mir. Der kann genauso gut aus Kranenburg kommen oder aus Aldekerk oder weiß Gott sonst woher."

„Jetzt sieh dir das doch wenigstens mal an, Mensch."

„Mir soll's ja egal sein, aber du willst doch nicht etwa jeden Motorradbesitzer in Goch überprüfen, nur wegen deiner komischen Fluchtwegtheorie?"

„Genau. In Goch und Umgebung. Soviel Hondas mit dieser Farbe, auf die die Beschreibungen der Zeugen zutreffen, wird es schon nicht geben. Die Zeugen haben uns die Maschine doch ganz gut beschrieben."

Toppe war vor einer halben Stunde aus Keeken zurückgekommen, saß jetzt in der anderen Ecke des Büros und versuchte, sich auf seine Unterlagen zu konzentrieren. Zum x-ten Mal hatte er sich die Akten vorgenommen und suchte nach irgendeinem Hinweis, den er vielleicht übersehen haben könnte. Im Augenblick hatte er Astrids Zeugenbefragungen zum Schützenfest vor sich ausgebreitet und war dabei, eine Zeittafel zu erstellen. Bei den Angaben des Pastors stieß er auf: „gegen 1.30 Uhr verläßt Wilhelm Verhoeven das Fest". Kein Wort von Heinrich und Ingeborg. Das las er jetzt schon zum zweiten Mal. Dabei war Wilhelm doch zum Klo gegangen, und Heinrich hatte mit Ingeborg den Saal zuerst verlassen. Erst draußen hatten sie auf Wilhelm gewartet.

Er holte ein zerknautschtes Päckchen Eckstein aus seiner Hosentasche und zündete sich eine Zigarette an.

90

„Wißt ihr, wo Astrid steckt?" rief er zu Heinrichs und Breitenegger hinüber, die jetzt beide vor der Landkarte standen.

Breitenegger sah auf seine Armbanduhr. „Die ist schon seit fast einer Stunde beim Stasi. Irgendetwas an ihrem letzten Bericht hat ihm wohl nicht gefallen, soweit ich das verstanden habe."

Toppe schüttelte den Kopf. „Möcht' wissen, was das schon wieder soll. Der mischt sich wirklich überall ein, wo's nur geht. Es ist wirklich kein Arbeiten mehr, seit der hier ist. Wir sind total unterbesetzt, machen jede Menge Überstunden, und der hält uns hier germanistische Vorlesungen. Na ja, mich läßt er ja seit ein paar Wochen in Ruhe."

„Kann aber nicht mehr lange dauern. Gestern war er hier und hat gefragt, ob du mal wieder unterwegs wärst in Sachen Heimatroman."

Toppe lachte bitter. „Soviel Humor hätt' ich dem gar nicht zugetraut."

„Sag mal", Breitenegger musterte ihn eingehend, „bist du endlich auf eine Spur gestoßen?"

„Wieso?"

„Dein Gesichtsausdruck kommt mir so bekannt vor."

Aber Toppe winkte ab. „Bis jetzt ist das nur eine ganz vage Idee, mehr so ein Gefühl eigentlich."

„Dacht ich's mir doch", brummte Breitenegger zufrieden.

Astrid kam mit zornrotem Kopf hereingestürmt und knallte die Tür. „Dieser Machoarsch!"

Dann lief sie aufgescheucht im Büro hin und her.

„Nu, nu, Mädchen, immer mit der Ruhe", Breitenegger schob ihr einen Stuhl hin. „Was ist denn passiert?"

Sie ließ sich auf der äußersten Stuhlkante nieder. „Es ist unglaublich! Nicht nur, daß der alte Knacker, der seit zwanzig Jahren keine Schulbank mehr gesehen hat, mir erzählen will, wie man heutzutage seine Berichte zu verfassen hat! Nein! Zum Schluß erzählt der mir auch noch seelenruhig, daß ich mich in Zukunft bitte angemessener zu kleiden hätte."

Sie sprang wieder auf und strich sich über ihre engen schwarzen Jeans. „Was, bitte schön, ist daran nicht angemessen!"

„Na ja", antwortete Heinrichs, „vielleicht meint der ja mehr Ihre Röcke."

Aber sie hörte gar nicht hin, sondern fing an, sich mit flinken Fingern eine Zigarette zu drehen.

„Na, der wird sich wundern! Da gibt's noch ganz andere Klamotten." Toppe räusperte sich.

„Ich weiß nicht", gab Breitenegger zu bedenken. „Ich wäre an Ihrer Stelle ein bißchen vorsichtig. Der Alte sitzt am längeren Hebel."

„Deshalb lauf ich doch nicht rum wie eine alte Jungfer! Gibt's etwa eine Dienstkleidungsverordnung für Kripobeamte?"

„-tinnen", griente Heinrichs.

Sie errötete und zündete sich hastig ihre Zigarette an.

„Oder hat Sie meine Kleidung jemals gestört?"

Breitenegger lächelte ein ganz besonders väterliches Lächeln.

„Ganz gewiß nicht."

„Oder dich?" sprach sie Toppe direkt an.

„Nein." Er sah zum Fenster hinaus. Gegenüber an der Tankstelle schalteten sie gerade die Weihnachtsbeleuchtung ein. Übermorgen war schon der dritte Advent, und er hatte immer noch kein Geschenk für Gabi.

Heinrichs und Breitenegger tauschten einen Blick, den Toppe sehr wohl wahrnahm.

„Guckst du dir das hier mal eben an?" Er hielt ihr das Blatt hin.

Astrid seufzte tief und drückte die angerauchte Zigarette aus.

„Hast du auch was an meinen Berichten auszusetzen?" fragte sie spitz und rutschte mit ihrem Stuhl neben Toppe an den Schreibtisch.

„Unsinn! Es ist nur: Der Pastor sagt, Wilhelm sei gegangen. Von Heinrich und Ingeborg steht da gar nichts."

„Moment." Sie überflog den Bericht.

„Nein, davon hat er auch nichts gesagt. Ist das wichtig?"

„Vielleicht. Hast du mal die Telefonnummer vom Pastor da?"

Sie kramte eine Weile in der Mappe und fand schließlich die Liste mit den Adressen und Telefonnummern, die sie angelegt hatte.

Toppe holte den Pastor aus seinem Nachmittagsschlaf, aber er war trotzdem nicht unfreundlich.

„Natürlich bin ich sicher, daß es Wilhelm war, der gegangen ist. Ich habe mich doch noch von ihm verabschiedet und bin dann zur Theke gegangen. Wann Heinrich gegangen ist, weiß ich gar nicht. Als ich zur Theke ging, war er jedenfalls noch da." „Ja, sicher sahen sich die beiden Brüder ähnlich, aber trotzdem. Hören Sie mal, den Wilhelm mit seinem Hinken, den kann man doch nicht verwechseln."

Toppe entschuldigte sich noch einmal für die Störung und verabschiedete sich. Dann stand er auf, ging zum Fenster hinüber, hockte sich auf die Fensterbank und rieb sich ausgiebig das Kinn. Natürlich, das Hinken hatte er nicht bedacht. Aber da fiel ihm Bongartz' erste Aussage wieder ein. „Fuffzich, sechzich Meter hinter den Verhoevens" war er gewesen, als der Schuß fiel, und „die Alten hatten gut getankt", „die arme Ingeborg".

Es gab doch noch eine Möglichkeit.

Er erreichte Bongartz auf seiner Dienststelle.

„Nein, ich habe nicht erkennen können, wer vorne lief, und wer an Ingeborgs Arm hing." „Wegen dem Hinken? Ach Gott, so blau, wie die waren. Die sind doch bloß noch getorkelt, alle beide, da war vom Hinken nichts mehr zu sehen."

„Danke, das war's eigentlich schon."

„Mensch, Toppe, Sie denken doch nicht…"

Astrid fragte ihn dasselbe: „Denkst du an eine Verwechslung?"

„Ich weiß noch nicht genau, aber…" Er zog sich einen neuen Aktendeckel vom Stapel.

Astrid nahm ihren Parka vom Garderobenständer und verabschiedete sich. „Ich hab' mir heute nachmittag freigenommen. Muß dringend in die Stadt, mir ein schwarzes Stretchkleid kaufen."

„Die wird noch mal richtig Ärger kriegen", meinte Heinrichs, als sie gegangen war. „Kannst du ihr das nicht klarmachen, Helmut?"

„Ich?"

„Ja, ich meine ja nur, wo ihr euch doch jetzt näher kennt." Und wenn er nicht so ein netter Mensch gewesen wäre, wäre sein breites Grinsen anzüglicher ausgefallen.

Aber Toppe ärgerte sich nicht, seine Laune war plötzlich viel zu gut. „Soll ich euch was mitbringen? Ich hol' mir einen Kaffee, und dann gehe ich den ganzen Fall noch einmal durch."

„Endlich wieder der alte", grunzte Breitenegger befriedigt, als Toppe pfeifend das Büro verlassen hatte.

19

Er hörte Ackermanns durchdringende Stimme schon, als er noch auf dem Gang war. Eine ganze Kanne Kaffee hatte er sich aus der Kantine geholt, denn sein Tag würde wohl noch lang werden.

Ackermann unterbrach sich mitten im Satz, als Toppe hereinkam: „Mensch, Herr Toppe! Schön, dat ich Sie auch noch treff'."

„Tag, Herr Ackermann. Sie haben sich aber verändert!" Toppe sah ihn verblüfft an. Seit er Ackermann kannte, hatte der immer ungepflegtes, halblanges Haar und einen wirren,

94

langen Bart gehabt. Jetzt saß er da mit einer modischen Kurz-
haarfrisur und einem ordentlichen Schnurrbart. Es paßte nicht
zu ihm. Er war klein und kauzig, wurde von den Kollegen nur
der „Schrat" genannt, hatte eine dicke, schwere Brille, die ihm
immer auf die Nase rutschte, und schlechte Zähne.

„Ja", rief Ackermann lachend, „mein Chef hat gemeint, ich
müßt' wat hermachen, wenn ich inne Zone fahr'. Da mußt ich
meine Lockenpracht opfern. Wächst aber schon wieder."

Toppe nickte. Ihm hatte der alte Ackermann auch besser
gefallen.

„Und wie war's in den FNBL?"

„In den wat?"

„In den fünf neuen Bundesländern, abgekürzt FNBL."

„So heißt dat jetz'? Na, wat en Fortschritt! Aber hier, Chef,
ich hab' Ihnen auch wat mitgebracht."

Er drückte ihm eine Flasche Korn in die Hand. „Noko heißt
der da drüben. Zieht einem echt die Buxe in den Hintern.
Wenn de davon drei Flaschen auf einmal kaufst, krisse en Blin-
denhund gratis dabei. Los, probieren Se ma' einen."

Toppe lachte, hob aber abwehrend die Hand. „Heute abend
bestimmt, jetzt muß ich noch was tun."

„Ach ja, hab' ich mir schon erzählen lassen. Is' immer noch
nix raus bei dem Mord. Ich versteh' et ja nich'. Ausgerechnet
den Hein erwischt et, nee, nee, wenn't der Wilhelm gewesen
wär', dat hätt' man ja irgendwie noch kapieren können, aber
der Hein, nee, nee…"

Toppe sagte nichts dazu, aber er sah ihn nachdenklich an.

Ackermann sprang sofort auf.

„Nee, is' schon klar, Chef. Ich halt Sie bloß auf. Wollt' ja
auch nur ebkes ‚Hallo' sagen. Und wenn Se mich brauchen,
wie gesacht…"

Um zwanzig nach sieben steckte Astrid den Kopf zur Tür rein.

„Darf ich eintreten? Hab' noch Licht gesehen, als ich vorbei
fuhr."

Die anderen hatten pünktlich das Büro verlassen, schließlich war Freitag, und Toppe mit seinen Unterlagen und Gedanken allein gelassen.

Sie blieb unschlüssig vor seinem Schreibtisch stehen. „Kann ich dir helfen? Ich hab' die ganze Zeit über die Verwechslung nachgedacht. Irgendwie paßt das alles viel besser." Sie setzte sich auf seine Schreibtischecke.

„Na ja", meinte Toppe, „aber auch dann gibt's bis jetzt noch kein Motiv und keinen Hinweis auf den Täter." Er reckte sich und gähnte. „Ich werde trotzdem in der Richtung weitermachen, auch wenn's im Augenblick nur so ein vages Gefühl ist. Ich glaube, ich sprech' mal mit Ackermann."

„Ist der denn wieder hier?"

„Mmh, heute angekommen. Hier, hat er mir mitgebracht." Er zeigte ihr die Schnapsflasche.

Sie rümpfte die Nase. „Sieht köstlich aus."

Er lachte leise.

Sie stand auf und zog ihren Parka aus. „Guck mal, hab' ich mir eben gekauft." Die Hände locker auf die Hüften gelegt, drehte sie sich langsam um sich selbst. Es verschlug ihm den Atem. Das Kleid war tiefschwarz, sehr kurz und so hauteng, daß er deutlich erkennen konnte, daß sie außer der schwarzen Strumpfhose nichts darunter trug.

„Gefällt's dir nicht?"

„Sehr. Aber das willst du doch nicht allen Ernstes im Dienst anziehen?"

„Aber klar, gleich am Montag."

„Das kannst du nicht machen, der Stasi reißt dir den Kopf ab."

„Na ja", sie setzte sich wieder auf die Schreibtischecke, so daß das Kleid noch höher rutschte, „vielleicht ist meine Wut bis Montag ja auch schon wieder verraucht."

Er sah ihr in die Augen. „Ich glaube, du gehst jetzt besser."

Sie zog einen Schmollmund. „Warum? Störe ich dich?"

Er lachte unsicher. „Ich bin ziemlich müde, und da läßt meine Abwehr nach."

„Mußt du denn abwehren?"

Hastig stand er auf, ging zum Fenster und drehte ihr den Rücken zu.

„Komm, Astrid, laß uns keinen Blödsinn machen", sagte er ernst. Er hörte, wie sie aufstand und ihren Parka anzog.

„Vielleicht ist's gar kein Blödsinn", sagte sie leise. Dann war sie weg.

Es dauerte eine Weile, bis er Ackermann anrufen konnte.

„Und ob ich Ihnen wat über die Verhoevens erzählen kann! Soll ich jetzt sofort zu Ihnen rüberkommen, Chef?"

„Nein, für heute mach' ich Feierabend, ist schon acht Uhr. Irgendwann will meine Familie mich schließlich auch mal sehen."

„Ja, dat kenn' ich, Chef. Meine Tochter sacht immer: ‚wer is' eigentlich der nette junge Mann, der da in deinem Bett liegt, Mama?'"

Toppe lachte pflichtschuldig. „Ich würde auch nicht so gern hier im Büro mit Ihnen reden, Ackermann. Wie wär's, wenn wir uns Sonntagabend irgendwo zum Essen treffen?"

„Find' ich 'ne prima Idee, Chef. Ich würd' sagen, gehen wir zum Griechen unten in Kellen. Da kann man ungestört sitzen, und dat Essen schmeckt auch."

„Einverstanden. Um acht?"

„Geht klar, Herr Toppe. Bis Sonntag dann."

Beinahe wäre es ein harmonisches Wochenende geworden. Am Samstagmorgen hatten Gabi und er noch die letzten Geschenke für die Kinder gekauft; er war kurz allein im Juwelierladen gewesen und hatte ein Paar wunderschöne Ohrringe für Gabi besorgt. Hinterher hatten sie zusammen im Café einen Kakao getrunken und dabei gemeinsam die Leute beschmunzelt, die draußen mit verkniffenen Gesichtern durch den Vorweihnachtsregen hasteten, hektisch auf der Suche nach letzten Geschenken. Nachmittags waren sie mit den Kindern zum Kegeln gegangen und hatten selbst Spaß daran gehabt. Und abends, als die Jungen im Bett waren, hatten sie gemeinsam gebadet und sich geliebt, sich zusammen auf dem Sofa unter eine Decke gekuschelt, eine Flasche Wein getrunken, sich einen albernen Spätfilm angeguckt, erzählt und gelacht und geplant. Er würde sich zwischen Weihnachten und Neujahr freinehmen, und sie wollten endlich mal wieder ihre Freunde in Köln besuchen, und Silvester wollten sie eine richtige Fete geben. Auch der Sonntag wäre ein rundum guter Tag gewesen, wenn seine Schwiegermutter nicht darauf bestanden hätte, daß sie zum obligatorischen Adventskaffee zu erscheinen hätten. Schon als Toppe ins Wohnzimmer kam, schnürte es ihm die Luft ab. Der enge, dunkle Raum war vollgestopft mit schweren Möbeln und um diese Jahreszeit auch noch überladen mit allerlei weihnachtlichem Schnickschnack. Er teilte schon bei der Ankunft mit, daß sie nur eine Stunde bleiben würden, weil sie noch etwas vorhätten, und versetzte seine Schwiegermutter damit gleich in die richtige Stimmung. Mittlerweile war er an die Sticheleien gewöhnt, mit denen sie ihn stets bedachte, und reagierte meistens Gabi zuliebe, der der ‚Familienfrieden' über alles zu gehen schien, kaum mehr darauf. Heute aber hatte seine Schwiegermutter sich offensichtlich auf ihre eigene Tochter eingeschossen und hielt lange Monologe über berufstätige Mütter und verwahrloste Kinder, mangelnde Fürsorge, Jugendkriminalität und die steigende Selbstmordrate bei Jungen im Grundschulalter. Auf Gabis recht zaghafte Einwände hin wechselte sie nur bedeutungsschwere Blicke mit ihrem Ehemann, der sich nur ein „jo, jo, et es all wat", abrang.

Konnte Toppe sich auch mittlerweile gut zusammenreißen, wenn es gegen ihn ging, und seinen Mund zumindest so lange halten, bis er zu Hause war, so war es ihm doch unerträglich, wie Gabi sich runtermachen ließ und sich das dumme Geschwätz auch noch zu Herzen zu nehmen schien.

Und so endete der ‚Anstandsbesuch' mit einer wenig anständigen Szene, in der er seiner Schwiegermutter brüllend seine Meinung sagte und ihr schwor, dieses Haus nie mehr zu betreten.

Gabi stürzte zu Hause gleich die Treppe hinauf und schloß sich im Bad ein, nicht ohne ihm vorher noch zu sagen, er sei schuld daran, daß jetzt allen, auch ihr, das Weihnachtsfest verdorben sei, und nie könne er sich zusammenreißen. Zum hundertsten Mal verfluchte er, daß er das Grundstücksgeschenk angenommen und ihr Haus direkt neben dem seiner Schwiegereltern gebaut hatte.

Die Jungen hatten sich vor den Fernseher gehockt. Er ging zu ihnen hinüber und strich ihnen über den Kopf. „Scheiß Spiel", sagte er, aber Christian zuckte nur kurz mit den Schultern, ohne den Blick vom Bildschirm abzuwenden, und Oliver rührte sich gar nicht. Er zügelte den plötzlichen Drang, einfach rauszugehen, sich ins Auto zu setzen und wegzufahren. Stattdessen stieg er die Treppe hinauf und klopfte an die Badezimmertür. „Komm, mach auf."

„Laß mich!" Sie heulte. Er redete beruhigend auf sie ein, bis sie ihm schließlich öffnete. Als er sie in den Armen hielt, fühlte er nichts als Hilflosigkeit.

20

Natürlich wartete Ackermann, neugierig und eifrig, schon seit einer halben Stunde, als Toppe um kurz nach acht ankam. Er versuchte ein bißchen über Alltäglichkeiten zu schwätzen, merkte aber schnell, daß Toppe nicht in der Stimmung war.

„Is' Ihnen 'ne Laus über die Leber gelaufen?"

„Mehrere", antwortete Toppe einsilbig und studierte die Speisekarte.

Ackermann sah ihn treuherzig über den Rand seiner dicken Brillengläser hinweg an. „Manchmal is' dat Leben ganz schön bescheiden, wa? Aber, glauben Se mir, et kommen auch ma' wieder bessere Zeiten. Muß man sich immer vor Augen halten." Dann schob er mit dem Zeigefinger die Brille hoch. „Nehmen Sie den gemischten Grillteller, der is' lecker, un' da is' alles drauf, wat die Küche zu bieten hat."

„Gut. Und ein großes Bier."

Toppe sammelte seine Gedanken zum Fall langsam ein, stellte ein paar Fragen, und als die Grillteller kamen, waren sie schon mitten im Gespräch.

„Der Peter Verhoeven hätt' den Hof schon längst übernehmen müssen, aber der Wilhelm läßt sich da auf gar nix ein. Dat is' auch kein Wunder, wenn Se mich fragen."

„Wieso?"

„Na, der Peter, dat is' doch 'n Spieler, wie er im Buch steht. Wenn ich dat Geld hätt', wat der schon verspielt hat, wär' ich Millionär."

„Ach, kommen Sie, soviel wirft doch der Hof nicht ab."

„Dat nich', aber manchma' gewinnt man ja auch ma' wat. Un wenn man dat mitrechnet. Ich sach' et Ihnen!"

„Und wo spielt der?"

„Meist in Holland inne Spielbank, aber er tut sich auch gern dicke mit Pokerrunde in Duisburg un' so. Gen Tänd in de mull, mar ‚La Paloma' fleute. Lauter feine Herrn, sacht er, mit denen er da spielt. Mögen Sie Oliven?" Er wartete Toppes Antwort gar nicht ab, sondern balancierte mit der Gabel jede seiner fünf Oliven einzeln auf Toppes Teller hinüber. Toppe bedankte sich.

„Jedenfalls hat et in der Familie ewig Streit wegen de Spielerei gegeben un' wegen de Schulden. Un' dies' Jahr, da is' dem Peter wohl ma' richtich die Luft ausgegangen, und da hat der Alte, der Wilhelm, die Mühle verkauft."

„Welche Mühle?" Toppe fand keinen Zusammenhang.

„Na, die Mühle in Keeken", antwortete Ackermann mit vollem Mund. „Also mit Oliven können Se mich jagen, auch mit diesen kleinen grünen Dingern, wie heißen die noch, Kapern, mit denen hab' ich et auch nich' so. Aber sonst hab' ich nix gegen ab und zu ma' wat Fremdländisches. So Gyros oder ma' 'ne Pizza zwischendurch is doch wat Feines. Also, ich mein' die Mühle in Keeken, wo jetzt die Gecken drin sind, die gehörte zum Verhoevenhof. Die hat Wilhelm verkaufen müssen, um die Spielschulden vom Peter zu bezahlen, sonst hätten Se den eingebuchtet. Da können Se ma' sehen, um wat für Summen et da gegangen sein muß. Und dann hat der Alte Peter auf ein Festgehalt gesetzt. Nich' ma' anne Papiere darf der mehr dran; die Buchführung macht die Ingeborg, und Wilhelm hat den Daumen drauf. Sieht ganz so aus, als wär' der Zuch für Peter abgefahren. Der Alte hält dat Sagen auf'm Hof, bis er mit de Nase hochliecht, glauben Se mir. Dat weiß jeder im Dorf. Komisch, dat Ihnen dat keiner erzählt hat."

„Ich hab' ja auch nicht danach gefragt, und es steht ja auch in keinem direkten Zusammenhang mit dem Mord an Heinrich Verhoeven."

„Nee, nee, klar, Chef, aber wenn Se sich jetz' ma' vorstellen, dat dat tatsächlich 'ne Verwechslung war, also", er ging zu einem zischelnden Flüstern über, „der Peter, der hätt' jedenfalls 'n Motiv, würd' ich sagen."

„Nun mal halblang, Ackermann, der hat ein hieb- und stichfestes Alibi. Und außerdem, den eigenen Vater umzubringen, dazu gehört schon was."

„Er muß et ja nich' selber gewesen sein", flüsterte Ackermann mit leuchtenden Augen, „da gib' et ja Leute für, hab' ich mir sagen lassen."

„Ach, Ackermann", lachte Toppe, „wir sind doch hier nicht in Chicago."

„Ich weiß et nich', ich weiß et nich'", Ackermann wiegte den Kopf hin und her, und sein Tonfall wurde dramatisch. „Wer seine eigene Mutter entmündigen läßt, der könnt' auch ma' leicht Hand an seinen Vater legen, oder legen lassen, wat meinen Sie?"

„Hendrina Verhoeven ist entmündigt?"

„Nee, dat hat ja nich' geklappt. Aber versucht hat er't. Wenn der Wilhelm ihm nich' gehörig dazwischen gefunkt hätt'. War ja nich' schlecht überlegt vom Peter. Wenn der Alte zuerst stirbt, dann fällt ja der Hof an Hendrina, wenn et da kein anderes Testament gibt, un' wenn die entmündigt wär'…"

Toppe schob seinen Teller weg. Er konnte plötzlich nicht mehr weiter essen. Und er ärgerte sich darüber, wie gut ihm Ackermanns Klatsch ins Konzept paßte.

„Nein, Ackermann…"

„Schon satt, Chef? Na, dann schieben Se't ma' rüber. Putz ich noch locker weg." Er schaufelte sich die Reste auf seinen eigenen Teller. „Gut, vielleicht is' dat ja 'n bisken weit hergeholt mit dem Killer. Dat wär' wohl auch 'ne Nummer zu groß für den Peter. Un' außerdem, so alt wie der Wilhelm schon is', da gäb' et ja elegantere Methoden. Passieren ja Unfälle genuch inne Landwirtschaft. Braucht en ja bloß vonne Leiter zu schubsen oder so wat."

Er nahm einen Zahnstocher aus dem kleinen Porzellanfäßchen auf dem Tisch und porkelte ungeniert und nachdenklich in seinen Zahnruinen herum. Toppe betrachtete angestrengt interessiert die Fototapete von der Akropolis.

„Aber glauben Se mir, Herr Toppe, dat is'n übler Hund, der Peter. Immer 'n dicken Mercedes un' feine Anzüge un' mit de betuchten Herrn Spielerkollegen auffe Jagd gehen. Und immer Frauengeschichten, solang' ich den kenn'."

„Das auch noch? Und was sagt seine Frau dazu?"

„Wat soll die schon dazu sagen? Er versucht ga' nich', dat zu vertuschen. Voriges Jahr auf'm Krönungsball hab' ich ihn mit der Toni Kerkrath inne Garderobe erwischt, wie die richtich zugange waren. Hat er bloß gelacht un' gesacht, er wär' gleich fertig. Können Se ja ma' mit sprechen, mit der Toni, die kellnert immer nebenbei auf'm Schützenfest. Ingeborg is' dat wohl egal, heut' jedenfalls. Früher is se ihm ja zweimal abgehauen."

„Wann war denn das?"

„Schon lang' her, war'n die Kinder noch klein. Aber der Wilhelm hat se immer wieder zurückgeholt."

„Wilhelm?"

„Ja. Wat sollt' er denn auch machen, ohne Frau auf'm Hof? Die Hendrina kann doch schon lang' nix mehr. Früher is' da ja auch ma' wat gemunkelt worden, von wegen, der Wilhelm hätt' wat mit seiner Schwiegertochter."

„Ach, kommen Sie, Ackermann! Das kann ich mir nun wirklich nicht vorstellen."

„Tja, man kuckt nich' dahinter. Man kann die Leute nur vor'n Kopp kucken, sach ich immer. Ich für mein Teil könnt' et keinem von beiden verübeln. Wenn man bloß Elend um de Ohren hat, kann dat ja auch 'n Trost sein. Ich mein' immer: leben un' leben lassen. Un' lot se ma' lölle, laß die Leute ma' quatschen. Hör'n von selbs' wieder auf."

Ackermann hörte nicht wieder auf.

„Un' der Frank, der Enkel, der is' ja dem Wilhelm wie aus'm Gesicht geschnitten. Gleiche Statur un' alles, bloß dat er nich' hinkt. Hat so gar nix vom Peter, der Jung. So wat hält natürlich die Leute am reden."

„Das meinen Sie doch nicht ernst, Ackermann!"

Ackermann kniff zweifelnd die Augen zusammen und sah einem Schrat ähnlicher denn je.

„Ich will nix gesacht haben, Herr Toppe. Aber der Klatsch damals hat die Stimmung auf'm Hof nich' grad gebessert. Davon können Se ausgehen. Hendrina hat jedenfalls jedem, der't nich' hören wollt', erzählt, dat ihre Schwiegertochter 'ne Hure wär'."

Toppe war auf einmal sehr froh, daß er nicht in so einem kleinen Dorf wohnte, wo jeder alles über den anderen zu wissen glaubte, und das sagte er auch.

Ackermann lachte herzhaft. „Kleve is' doch auch bloß 'n Kaff. Oder glauben Sie, über Sie würde hier weniger gequatscht? Grad in letzter Zeit."

Toppes Magen versuchte einen Purzelbaum.

„Wieso?"

„Na, 'n Mann in Ihrem Alter, wenn der plötzlich so abnimmt un' überhaupt. Sie kennen doch die Leute, Chef. Wenn die nix zu spekulieren haben, sind se unglücklich. Da muß man einfach drüberstehen. Wollen Se auch noch 'n Bier? Wo man grad' so gemütlich zusammensitzt."

„Nein danke. Ich muß doch noch fahren." Er hatte für heute reichlich genug Tratsch gehört.

„Ham Se auch wieder recht. Wat kann ich Ihnen denn sons' noch erzählen?"

Toppe zog sein Portemonnaie aus der Tasche.

„Danke, Ackermann, aber für heute reicht es, glaube ich. War nett, daß Sie sich die Zeit genommen haben."

„Keine Ursache, Chef, so wat macht man doch immer wieder gern."

„Ich muß das alles erst einmal sortieren und verdauen."

„Ich wüßt' auch im Moment nix mehr, wat noch wichtich sein könnt'; aber wenn mir noch wat einfällt… Un', Chef, et wär furchtbar nett, wenn Sie mich auf'm Laufenden halten…"

21

Rumscharwenzeln um den Mann, das konnte sie. Ob sie für den auch die Beine breitmachte, das Luder? Aber den eigenen Mann, den konnt' sie nicht halten. Der Herr ist gerecht; auch sie kriegt ihre Strafe. Und Peter landet in der Gosse, das ist wohl sicher. Gerecht ist der Herr. In der Gosse, wo er hingehört, der Verreckling. Die Geburt damals im Winter 52, wenn der die nicht auch noch versaut hätte, dann hätt' sie nicht wieder bei ihrem Vater betteln gehen müssen, damit sie Winter-

futter kriegten. Kuh und Kalb tot, mußte man sich mal vorstellen, ein Vermögen. Ein Junge von zwölf Jahren und zu
dämlich für eine normale Geburt, zu lasch, zu faul. Zog das
Unglück auf sich, von Kind an; dem steckte das Böse in den
Knochen. Aber der Herr wird's schon richten.

„Mutter, der Herr Kommissar hat dich was gefragt." Ingeborg
legte ihr schwer die Hand auf den Arm und riß sie aus ihren
Gedanken.

Aus ihren matten braunen Augen sah Hendrina Toppe an.

„Frau Verhoeven, Ihr Sohn Peter wollte Sie entmündigen
lassen. Was können Sie mir dazu sagen?"

„Wat?"

Hatte sie wirklich nichts verstanden?

„Bitte, Herr Toppe", flüsterte Ingeborg eindringlich. „Sie
weiß davon nichts. Wenn sie es damals überhaupt verstanden
hat, dann hat sie es inzwischen längst vergessen. Glauben Sie
mir."

Wieder einmal hatte Toppe nur Ingeborg und Hendrina
angetroffen, als er zum Verhoevenhof gekommen war.

„Ich verstehe auch gar nicht, was diese alte Geschichte mit
Onkel Heinrichs Tod zu tun hat…"

Aber Toppe wollte dazu nichts sagen. „Können wir beide
uns irgendwo in Ruhe unterhalten?"

Nur widerstrebend nahm sie ihn mit hinauf in ihr Wohnzimmer. Er konnte ihr die Ablehnung nicht verdenken. Was
hatte er schließlich in der Hand? Trotzdem war er sich, seit er
den Hof betreten hatte, sicherer denn je, daß seine Vermutung
berechtigt war.

Sie wirkte noch unscheinbarer als sonst. Die Haare waren
stumpf von einer viel zu starken Dauerwelle, und der dick
aufgetragene Lippenstift leuchtete schrill in ihrem blassen Gesicht.

Das Zimmer war überheizt, die Fenster alle geschlossen,

und es roch feucht und modrig. Toppe zog sich den Mantel aus und legte ihn über die Sofalehne.

„Ihre Ehe ist nicht glücklich."

Sie schlug die Augen nieder und zog die Lippen nach innen. „Man kann sich an alles gewöhnen", sagte sie langsam.

„Sagen Sie, wie alt war Ihr Schwiegervater doch gleich?"

„74."

„Dann hätte er doch längst Ihrem Mann den Hof überschreiben müssen."

Sie zuckte zuerst nur die Schultern, aber dann begehrte sie auf: „Ich verstehe nicht, was Sie das alles angeht!"

„Ich arbeite an einem Mordfall", antwortete Toppe ruhig. „Sie haben meine Frage noch nicht beantwortet. Warum ist der Hof Ihrem Mann noch nicht überschrieben worden?"

„Was wollen Sie eigentlich hören, verdammt noch mal!" Dann lachte sie kurz auf. „Einem Spieler den Hof überschreiben! Schließlich müssen wir ja alle irgendwie davon leben."

Toppe nickte zustimmend.

„Und Ihrem Mann macht es nichts aus, daß er nicht der Besitzer ist?"

Sie schnaubte kurz durch die Nase. „Wenn Sie Ihr Leben lang erzählt kriegen, daß Sie zu blöd sind, dann glauben Sie irgendwann selbst dran." Sie sah ihn vorsichtig an. „Aber wir haben hier genug Streit deswegen. Solange ich auf dem Hof bin, gibt's kein anderes Thema, tagein, tagaus, Jahr für Jahr. Mein Mann hat so ziemlich alles versucht."

„Und Sie?"

„Wieso ich? Ja, meinen Sie denn, bei so was werden die Frauen gefragt? Denken Sie tatsächlich, daß meine Meinung irgendwen interessiert?" Sie lachte bitter.

„Ihr Mann hat Spielschulden gehabt?"

„Mehr als einmal."

„Und die hat Ihr Schwiegervater bezahlt."

„Wer sonst?"

„Seit wann bekommt Ihr Mann ein Festgehalt?"

Sie zeigte keinerlei Überraschung.

„Seit März."

„Wieviel?"

„1500 Mark im Monat."

„Aber damit kommen Sie doch nie und nimmer hin."

„Glauben Sie, da fragt einer nach?" Die Stimme kippte ihr fast weg, und Toppe konnte es ihr nicht verdenken. „Und außerdem zahlen wir schließlich keine Miete und haben das Essen frei. Sie sehen, 1500 Mark, bloß zum Auf-den-Kopf-hauen. So ist es notariell festgelegt."

Toppe schüttelte den Kopf. „Ich kann das nicht ganz nachvollziehen. Selbst wenn die Spielschulden hoch waren, war da doch immer der Hof als Sicherheit."

„Ein Hof, der einem nicht gehört? Und selbst wenn sich mein Schwiegervater darauf eingelassen hätte, was hätten wir von einem gepfändeten oder verschuldeten Hof?"

„Deshalb hat Ihr Schwiegervater die Mühle verkauft."

„Ja."

„Und jetzt verwalten Sie den Hof?"

„Nein, ich mache nur die Buchführung. Das andere macht mein Schwiegervater. Und mein Sohn geht ihm dabei zur Hand."

„Ihr Sohn? Nicht Ihr Mann?"

„Nein."

„Und wie war das nun damals mit der Entmündigung Ihrer Schwiegermutter?"

Sie stand auf. „Möchten Sie auch ein Mineralwasser?"

„Nein, danke."

Sie setzte sich wieder. Toppe sagte nichts.

„Das ist doch schon mehr als zehn Jahre her. Wir hatten damals das Testament gefunden."

„Und?"

„Wenn mein Schwiegervater stirbt, wird Peter zwar Verwalter auf dem Hof, aber meine Schwiegermutter ist dann die Besitzerin. Das wollte mein Mann verhindern." Sie zögerte

107

einen Augenblick und setzte dann hinzu: „Und aus seiner Sicht ist das ja auch ganz logisch gedacht, oder?"

„Und wie sehen Sie das selbst?"

„Ich? Ich will nur, daß mein Sohn Frank einen Hof kriegt. Und zwar einen, für den es sich lohnt. Mein Schwiegervater hat übrigens damals die Entmündigung verhindern können."

„Wo ist Ihr Mann?"

„Woher soll ich das wissen? Er wollte aber mittags wieder zurück sein, da kommt jemand wegen..."

„Ja?"

„Ach, wegen der Scheune."

„Wegen der Scheune?"

„Ja, da muß wohl was repariert werden."

„Gut. Dann richten Sie Ihrem Mann bitte aus, daß ich ihn heute um fünfzehn Uhr sprechen möchte; im Polizeipräsidium, Zimmer 218."

Sie sah ihn ehrlich erstaunt an.

„Wenn er nicht kommt, schicke ich ihm eine Vorladung."

„Ich verstehe wirklich nicht, Herr Toppe..."

Er nahm seinen Mantel und legte ihn sorgfältig über den Arm.

„Bitte..." sagte sie eindringlich, „bitte, Herr Toppe, diese Familie hat so viel Unglück erlebt..."

Als sie wieder in die Küche hinunterkamen, stand Wilhelm Verhoeven am Spülbecken und schrubbte sich die Hände mit einer stockfleckigen Wurzelbürste. Der ganze Raum roch so durchdringend nach Schweinestall, daß Toppe sich überwinden mußte einzutreten.

„Hab' schon gehört, daß Sie wieder hier sind", knurrte Wilhelm, ohne sich umzudrehen, und fing an, mit beiden Händen das kalte Wasser ins Gesicht zu schaufeln. Toppe sah lange auf den roten, hochausrasierten Nacken und die stumpfen Altmännerhaare, die in widerspenstigen Büscheln vom Kopf abstanden.

„Ich hätte noch ein paar Fragen, Herr Verhoeven."

Wilhelm nahm das graugewürfelte Handtuch vom Haken neben der Spüle, trocknete sich sorgfältig Gesicht und Hände und drehte sich um.

„Wat denn noch?"

Toppe begann sehr vorsichtig, aber Wilhelm Verhoeven ließ sich auf nichts ein. Es war verblüffend, wie dieser abgearbeitete, behinderte Mann innerhalb einer Sekunde kräftig, agil, beinahe aggressiv vor ihm stand.

„Das sind Familienangelegenheiten. Die gehen keinen etwas an. Die Leute quatschen schon genug dummes Zeug."

„Wenn wir in einem Mordfall ermitteln, müssen wir leider auch manchmal in das Privatleben anderer Leute eindringen, Herr Verhoeven."

„Was haben Ihre Fragen mit dem Mordfall zu tun?"

Toppe gab sich einen Ruck.

„Es gibt Hinweise darauf, daß möglicherweise gar nicht Ihr Bruder das Opfer sein sollte, sondern Sie."

Mit einer kurzen energischen Armbewegung wischte Wilhelm Verhoeven diese Möglichkeit vom Tisch. „Blödsinn!"

Ingeborg schien sofort zu kombinieren, was Toppe damit andeutete. Ihr Gesicht war um noch zwei Töne heller geworden, und sie starrte Toppe an. Selbst Hendrina, die die ganze Zeit mit einem nassen Fetzen den Eßtisch gewischt hatte, hielt inne.

Es war völlig still.

„Absoluter Blödsinn!" wiederholte Wilhelm laut und stur.

Toppe fühlte, wie eine unerklärliche Wut in ihm hochstieg, aber er beherrschte sich.

„Ich komme noch mal wieder, Herr Verhoeven", sagte er schon halb an der Tür. „Wir werden uns noch einmal miteinander unterhalten."

In Wilhelm Verhoevens Gesicht regte sich kein Muskel.

Auf dem Rückweg, der ihn sowieso durch Rindern führte, nutzte Toppe die Gelegenheit, mit Toni Kerkrath zu sprechen, der Aushilfskellnerin, die Ackermann erwähnt hatte. Sie arbeitete als Friseuse im einzigen Frisiersalon am Ort.

Die Chefin, der dieser Polizeibesuch vor den beiden Kundinnen sichtlich unangenehm war, schickte sie schnell ins Hinterzimmer, einer Kombination aus Garderobe, Küche und Kaffeeraum.

Toni Kerkrath war eine füllige, nicht mehr ganz junge Frau, die es aber verstand, ihre wenigen Vorzüge durch gutes Make up und passende Kleider in Szene zu setzen.

„Ich wüßte nicht, was einen fremden Herrn mein Privatleben angeht", war ihre erste Antwort. Aber Toppe hatte die Nase voll von Ausflüchten und zähen Gesprächen.

„Ich ermittle in einem Mordfall, und da geht mich Ihr Privatleben durchaus etwas an."

„Ist ja schon gut." Sie ging zur Garderobe hinüber und holte aus einer blauen Lackledertasche eine Schachtel Zigaretten und ein Feuerzeug.

„Darf ich wenigstens rauchen?"

„Sie haben ein Verhältnis mit Peter Verhoeven?"

Sie lachte herzhaft, zündete sich eine Zigarette an, setzte sich und schlug die Beine übereinander.

„Wir schlafen miteinander, wenn es sich ergibt. Nennt man das ‚Verhältnis'?"

„Seit wann?"

„Och, seit drei, nein, seit vier Jahren. Ist mal zufällig auf dem Schützenfest passiert. Wissen Sie, ich kellnere manchmal…"

Toppe winkte ab. „Ich weiß. Und?"

„Nun ja, manchmal treffen wir uns."

„Wo?"

„Im Auto, in der Garderobe vom Schützenhaus." Sie lachte wieder. „Manchmal bei mir, wenn's geht. Wissen Sie, ich bin verheiratet, aber mein Mann ist meistens auf Montage. Da ist man einsam. Wieso wollen Sie das eigentlich alles wissen?"

„Hat er noch andere Freundinnen?"

110

„Freundinnen! Ich bin nicht die einzige, mit der er bumst, wenn Sie das meinen. Aber 'ne feste Freundin? Nicht, daß ich wüßte."

Sie drückte die halbgerauchte Zigarette aus. „Der Herr liebt die Abwechslung. Er ist nicht besonders wählerisch."

„Ihnen macht das also nichts aus?"

„Mir? Nein, ich liebe ja auch die Abwechslung. Und man möcht' sich doch auch ab und zu mal was nebenbei gönnen."

„Er bezahlt Sie also."

„Nun bitt' ich Sie aber, wie hört sich das denn an?" lachte sie. „Aber es stimmt schon, manchmal steckt er mir was zu. Grad' so, wie er bei Kasse ist. Er ist da nicht kleinlich. Ich hab' das nie verlangt, wenn Sie das meinen. Hat der auch nicht nötig. Der hat Chancen genug."

„Ach ja?"

„Na, sieht doch nicht schlecht aus, der Peter. Und im Bett hält er durchaus, was er verspricht. Was man ja von den meisten Typen nicht gerade behaupten kann."

Toppe schossen sieben Gedanken gleichzeitig durch den Kopf.

„Ich hab' da so meine Erfahrungen. Vorher 'ne große Klappe, aber wenn's dann wirklich zur Sache geht, Sie würden sich wundern, wieviele da schlapp machen. Falls Sie verstehen, was ich damit meine. Da muß man sich als Frau ganz schön ins Zeug legen. Und der Rest? Die alte Rein-Raus-Masche. Ruckzuck, fertig. Und wie soll ich da auf meine Kosten kommen, frag' ich Sie, als Frau, meine ich. Aber der Peter, der ist da anders. Der hat Ausdauer und Ideen, und wenn der…"

Toppe grinste und hob abwehrend die Hand. „So genau wollt' ich's gar nicht wissen. Hat er noch andere… Liebschaften?"

„Liebschaften? Gott, ich hab' da so meine Vermutungen, aber wissen tu ich gar nix. Ich bin sicher, daß so manche brave Ehefrau sich schon mal ihren Spaß geholt hat. Immer nur Hausmannskost ist ja auf die Dauer auch langweilig."

„Hat er Sie mal mit nach Holland genommen oder nach Duisburg?"

„Wenn er auf Tour geht, meinen Sie?"

„Tour?"

„Sauf- und Spieltour. Überfällt ihn mindestens einmal im Monat. Nee, da nimmt der doch niemand mit. Aber wenn er zurück ist, kommt er öfters mal vorbei und heult sich aus über die jungen Mädchen, die's irgendwie nicht bringen und so."

„Wo waren Sie eigentlich, als der Mord passierte?"

„Ach Gott, der Mord. Das hab' ich doch schon alles Ihrer jungen Kollegin erzählt. Ich stand hinter der Theke."

„Und Peter Verhoeven?"

„Der wollt' mir schon den ganzen Abend an die Wäsche. Wie immer, wenn er blau ist. Als die Schreierei draußen losging, wollt' er mich gerade überreden, mit in die Garderobe zu kommen."

„Gut, das war's." Toppe erhob sich. Im Hinausgehen wandte er sich noch einmal um. „Weiß eigentlich seine Frau von Ihrem Verhältnis?"

„Keine Ahnung. Könnt' schon sein. Ist eigentlich 'ne nette Frau. Is' mir auch egal."

22

Nun gut, Peter Verhoeven war ein unsympathischer Mensch, mit so ziemlich allen häßlichen Eigenschaften ausgestattet, die man sich vorstellen konnte. Aber ging er deshalb über Leichen? Dazu erschien er ihm zu konturlos, zu schwach. Mochte sein, daß Ingeborg recht hatte. Vielleicht hatten ihn die Alten wirklich mit den Jahren kleingekriegt, aber nach außen hin machte er nicht den Eindruck. Da markierte er den dicken Macker, Typ: Mann von Welt.

Wilhelm Verhoeven war ein harter Knochen; vielleicht auch verständlich, nach allem, was der so mitgemacht hatte.

Aber konnte einen der Wunsch nach Selbständigkeit so weit treiben, daß man den eigenen Vater aus dem Weg räumen wollte? Wenn man keine andere Möglichkeit mehr sah, vielleicht. ‚Mein Mann hat so ziemlich alles versucht.'...

Aber was wollte Peter Verhoeven mit diesem runtergewirtschafteten Hof? Er würde hart arbeiten müssen, und das schien ihm ja nun nicht gerade zu liegen. Andererseits hatte er keine andere Wahl, schließlich hatte er sonst nichts gelernt. Und er war fünfzig. Da konnte man nicht mehr von vorne anfangen. Wenn er spielte, war der Hof seine einzige Sicherheit.

Ganz schön hart eigentlich, wenn man die besten Jahre seines Lebens in Abhängigkeit verbrachte und dabei immer die Möglichkeit, sein eigener Herr zu sein, direkt vor der Nase hatte. Und nur der Vater, der das verhinderte.

Aber es blieb eine Tatsache, daß es Peter Verhoeven nicht gewesen sein konnte. Der hätte ja auch niemals seinen Vater mit seinem Onkel verwechselt. Sowas konnte nur einem passieren, der die beiden nicht gut kannte, vielleicht nur kurz gesehen hatte; möglicherweise auf dem Schützenfest.

Ackermanns Killer-Theorie. Hörte sich verrückt an, aber dieser eine einzige wohlgezielte Schuß wies auf Erfahrung und Übung hin. Das stimmte schon.

Wo konnte Peter Verhoeven hier einen Typen auftun, der die Sache für ihn erledigte? Die „Spielerkollegen", wie Ackermann sie nannte? Da mußte er jetzt ansetzen.

Aber ein Killer kostet gutes Geld im Voraus und bar auf die Hand. Und Peter Verhoeven hatte keins. Na ja, vielleicht hatte er gewonnen.

Welche Rolle spielte Ingeborg in dieser ganzen Geschichte? Sie hatte sofort gewußt, in welche Richtung seine Fragen gezielt hatten, aber sie hatte kaum reagiert. Sie verachtete ihren Mann, das sprach aus jedem Wort, aber sie hatte gesagt „wir hatten das Testament gefunden". Hatte sie mitgemacht bei dem Entmündigungsversuch? Wäre ihr ja auch eigentlich nicht zu verdenken. Wenn Wilhelm tot wäre, gäbe es bestimmt kein Hindernis mehr, Hendrina entmündigen zu lassen; so von der Rolle, wie die Alte war. Diese verrückte alte Frau hatte jetzt noch tatsächlich mehr auf dem Hof zu sagen als Ingeborg, als Peter. Was für eine absurde Situation! Ingeborg jedenfalls schien sich damit abgefunden zu haben, oder? Ihr ging es nur noch um ihren Sohn.

Erst mal mußte er jetzt seinen Bericht schreiben. Wie sollte er dem Stasi wohl seine neue Idee verkaufen? Er hörte schon jetzt den ganzen Sermon über Indizien und mangelnde Beweise.

Vielleicht würde ihn die Überprüfung der Spielerrunde weiterbringen, und für das Gespräch mit Peter Verhoeven heute nachmittag mußte er sich noch was überlegen.

Im Präsidium hatten sich Heinrichs und Breitenegger mal wieder lautstark in der Wolle.

„Du hast sie doch wirklich nicht mehr alle stramm, Walter!" bellte Breitenegger und tippte sich mit dem Pfeifenstiel an die Schläfe. „Morgen, Helmut", nickte er knapp.

Heinrichs war endgültig beleidigt. „Bitte, wenn du eine bessere Idee hast." Er knüllte das Papier, das er in der Hand hielt, zusammen und warf es mit Schwung in den Papierkorb. Dann drehte er sich auf dem Absatz um und stapfte zur Tür.

Das war Breitenegger nun auch wieder nicht recht. „Jetzt sei doch nicht gleich verschnupft, Mensch. Da kann man doch drüber reden. Gib die Liste mal her."

Heinrichs zögerte und musterte Breitenegger aus zusammengekniffenen Augen, aber dann fischte er doch das Papierknäuel aus dem Abfalleimer und strich es sorgfältig glatt.

„Hab' ich mir heute morgen beim KBA in Flensburg besorgt. Das sind alle Motorradbesitzer in Goch und Umgebung."

Breitenegger seufzte tief und räusperte sich. Man konnte deutlich spüren, daß er sich einen Ruck geben mußte. „Na ja, vielleicht hast du recht. Schaden kann's ja nicht. Klappern wir

114

also die ganzen Leute ab. Aber eins sag' ich dir: nur bis Freitag. Weihnachten will ich meine Ruhe haben und von dem ganzen Mist nichts mehr hören."

„Bis Weihnachten haben wir den Typen längst", meinte Heinrichs aus vollster Überzeugung.

„Traumtänzer", murmelte Breitenegger und fing an, sich seine Pfeife neu zu stopfen.

„Das hab' ich Gott sei dank nicht verstanden", lächelte Heinrichs breit. Er hatte sich wieder gefangen. „Morgen, Helmut." Auch er bemerkte jetzt Toppe.

„Morgen. Ist ja mal wieder 'ne Mordsstimmung bei euch."

Er knallte sein Notizbuch auf den Schreibtisch und schüttelte den Kopf. Es machte wirklich keinen Spaß mehr. Er hing allein an diesem Mordfall, Astrid machte den ganzen zermürbenden Kleinkram und Breitenegger und Heinrichs kriegten dauernd Streit. Gerade die beiden, die sonst kaum was aus der Bahn werfen konnte. Heinrichs, der am liebsten alles positiv sah, und Breitenegger, den nie was aus der Ruhe brachte. Es war eindeutig der Wurm drin.

Breitenegger zündete seine Pfeife an und paffte sich in eine dicke Wolke ein. „Hast schon recht. Ist alles nicht mehr so, wie's mal war hier bei uns."

„Ist das ein Wunder?" schnappte Heinrichs. „Seit der Stasi da ist, geht doch alles drunter und drüber. Der reißt das ganze Team auseinander, mischt sich in jeden Dreck ein, putzt uns runter wie blutige Anfänger, spielt uns gegeneinander aus. Und da soll man noch gute Arbeit leisten!"

„Der Alte will die Statistik aufbessern. Angeblich liegen wir hier im Kreis mit unseren Ermittlungserfolgen weit unter dem Landesdurchschnitt", antwortete Breitenegger.

„Uns kann er damit nicht meinen. Mit unseren Ergebnissen konnten wir immer zufrieden sein. Mann, wir reißen uns für den Laden doch wirklich den Arsch auf", ärgerte sich Heinrichs. „Man hat doch kaum noch ein Familienleben. Aber darüber haben wir uns ja schon oft genug aufgeregt."

„Ich bin froh, wenn Norbert wieder hier ist", sinnierte Toppe.

„Ja." Heinrichs verstand, was er meinte. „Ich glaub' auch nicht, daß der Stasi mit dem so ein leichtes Spiel hat. Wollen wir los, Günther?"

Toppe wühlte in seinem Aktenwust. „Sag mal", fiel es ihm plötzlich ein, „was ist eigentlich aus deiner Dackelgeschichte geworden?"

„Der Alte hat mir eine Abmahnung geschickt."

„Das gibt's doch wohl nicht! Und?"

„Tja, ich war ihm wohl zu renitent. Aber ein guter Freund von mir ist Anwalt. Stasi hatte leider die Fristen nicht eingehalten." Breitenegger freute sich. „Pech! Hätt' der eigentlich wissen müssen, wo er doch selbst Jurist ist. Hat ihn bestimmt mächtig gefuchst."

„Ja, ja, da bleibt einem nur die klammheimliche Freude", murmelte Heinrichs im Hinausgehen.

23

Peter Verhoeven kam fast zwanzig Minuten zu spät, aber Toppe hatte es eigentlich auch nicht anders erwartet.

„Meine Frau sagte mir, Sie möchten mich sprechen. Ich weiß zwar nicht, wie ich Ihnen helfen kann, aber bitte."

Lässig ließ er sich auf dem angebotenen Stuhl nieder und schlug die Beine übereinander. Er war sorgfältig gekleidet mit einer hellbraunen Hose, einem passenden Pullover, darüber einen dicken fellgefütterten Ledermantel, den er zwar aufknöpfte, aber nicht ablegte. Es sah nicht so aus, als wollte er sich lange aufhalten.

Toppe stellte das kleine Tonbandgerät auf die Schreibtischplatte und richtete das Mikrofon aus. „Sie haben doch nichts dagegen, wenn ich unser Gespräch mitschneide."

„Bitte, ich habe nichts zu verbergen. Was ist das für ein

Unsinn, den ich da höre? Bei dem Mord soll es sich um eine Verwechslung handeln?"

Toppe schaltete das Gerät ein. Das Band hakte kurz und lief dann an. Der Anfang würde wie immer verzerrt sein.

„Warum ist das Unsinn?"

„Wer sollte denn ein Interesse daran haben, meinen Vater zu töten?"

„Wer konnte ein Interesse daran haben, Ihren Onkel zu töten?"

Peter lachte. „Da haben Sie auch wieder recht. Aber Gott sei Dank muß ich das nicht herausfinden."

Er sah auf seine Füße, und Toppe folgte seinem Blick. Die braunen Lederstiefeletten waren mit Schlamm bespritzt.

„Man kann eben nie verleugnen, daß man vom Land kommt", lachte Verhoeven. „Ja, eine schlimme Sache, das mit meinem Onkel. Irgendwie kann ich gar nicht drüber weg kommen. So was macht einen ja doch betroffen. Aber ich sage mir immer, er war ja nicht mehr der Jüngste, hatte sein Leben gelebt. Vielleicht ist ihm so eine lange Krankheit erspart geblieben. Wer weiß, wofür es gut ist. Aber ich rede und rede. Das wollten Sie bestimmt nicht hören."

„Doch, doch, erzählen Sie nur."

„Nein. Also bitte, was kann ich für Sie tun?"

„Es hat mich erstaunt, daß Ihr Vater mit seinen 74 Jahren immer noch der Besitzer des Hofes ist."

Peter Verhoeven hob die Augenbrauen.

„Na, was meinen Sie, wie mich das erstaunt? Nein, aber im Ernst. Es ist kein leichtes Leben mit einem starrköpfigen alten Mann. Ach was, alt, der war sein Leben lang ein Dickschädel. Kommen Sie auch vom Land?"

„Nein."

„Dann werden Sie diese Problematik vielleicht nicht kennen. Es ist immer schwierig mit zwei Generationen auf einem Hof. Der Jungbauer kommt meistens nicht richtig zum Zuge."

Deutliche Bitterkeit lag jetzt in seiner Stimme und um seinen Mund, aber Toppe kam das allzu gezielt. Der Mann war völlig beherrscht.

„Ich habe den Fehler gemacht, zu nett zu sein. Hab' den richtigen Zeitpunkt verpaßt."

„Wie meinen Sie das?"

„Vor zwanzig Jahren, da hätte ich mich durchsetzen sollen. Da hätt' ich dem Alten ein Ultimatum stellen müssen. Aber das ist nicht so einfach, Herr Kommissar. Immerhin ist's ja der eigene Vater, und hat's selbst nicht leicht gehabt im Leben, der Mann. Der Hof ist sein ein und alles."

„Ihres nicht?"

„Ach, wir gehören doch einfach zu einer anderen Generation."

„Sie spielen?"

Peter Verhoeven verzog keine Miene. „Sie haben sich ja gut umgehört. Ja, manchmal habe ich gespielt. Heute kaum noch. Man wird älter, und ruhiger auch. Aber versetzen Sie sich doch mal in meine Lage. Meine Eltern haben mich nie akzeptiert. Für die war ich immer zu jung und oft genug der Blödmann, der böse Bube, der an allem schuld war. Das macht einen bitter, gerade, wenn man jung ist... irgendwo muß man sich doch Bestätigung holen."

„Anfang dieses Jahres hatten Sie doch aber noch erhebliche Spielschulden zu begleichen."

„Kleiner Ausrutscher." Er sah betont auf seine goldene Armbanduhr. „Passiert mir selten. Aber wie das Leben manchmal so spielt. Kismet, Herr Kommissar. Und inzwischen ist ja auch alles geregelt."

„Sie wollten Ihre Mutter entmündigen lassen."

„Wundert Sie das? Sie haben sie doch kennengelernt."

„Wenn Ihr Vater stirbt..."

„Versuche ich das noch einmal. Darauf können Sie sich verlassen, da mache ich gar keinen Hehl draus. Die Frau ist krank, geisteskrank, und zwar seit vielen Jahren. Es ist nur zu ihrem eigenen Besten."

„Was werden Sie mit dem Hof machen, wenn er einmal Ihnen gehört?"

„Was soll ich damit machen?" fragte er ungeduldig, und auch diese Stimmung wirkte wohlplaziert.

„Wollen Sie ihn verkaufen?"

„Verkaufen? Entschuldigen Sie, aber man merkt, daß Sie davon nichts verstehen. Wer würde sich wohl heutzutage freiwillig so einen Hof unter die Füße holen? Die goldenen Zeiten der Landwirtschaft sind lange vorbei."

„Bauland vielleicht."

„Tja, das wäre schön. Aber leider kann die ganze Gegend bei uns nur landwirtschaftlich genutzt werden."

„Ich verstehe."

„Nein, nein, der Hof ist zwar keine Goldgrube, aber man hat sein Auskommen."

„Und die 1500 Mark, die Sie im Moment monatlich haben, die reichen für Ihr Auskommen?"

„Wir kommen hin."

„Und davon können Sie auch noch Ihre... Freundinnen bezahlen?"

Er gönnte Toppe nur ein müdes Grinsen. „Das war leicht unter der Gürtellinie, Herr Kommissar. Aber natürlich ist es nicht so einfach mit den 1500 Mark. Mein Vater wollte mich runtermachen, aber ich laß mich nicht kleinkriegen. Ich komme schon über die Runden. Wie gesagt, man wird ruhiger mit den Jahren, auch ein bißchen anspruchsloser."

Toppe schluckte mühsam an einem *Mir kommen die Tränen.*

„Wo spielen Sie?"

„Hier und da. Über so was redet man nicht gern."

Jetzt grinste Toppe. „Das kann ich mir vorstellen. Ich möchte es trotzdem wissen."

„Nein, wirklich, Herr Kommissar, das behalte ich für mich."

„Mit wem spielen Sie?"

„Verschiedene Leute. Das wechselt."

„Nennen Sie mir einige Namen."

„Das tut mir jetzt aber wirklich leid, auch darauf kann ich Ihnen leider keine Antwort geben. Ich bin überzeugt, daß es den Herren nicht recht wäre. Alles ehrbare Bürger übrigens, wenn Ihnen das Sorgen macht."

„Herr Verhoeven, ich kriege das doch sowieso raus. Sie könnten mir nur eine Menge Arbeit ersparen, wenn Sie die Namen einfach nennen."

Er wurde mit einem freundlichen Lächeln und einem bedauernden Achselzucken bedacht. „Tut mir leid, man hat so seine Grundsätze."

„Die Spielbank in s'Heerenberg."

„Ja", kam es knapp zurück.

„Der ‚Silberne Hahn' in Duisburg."

„Alle Achtung!" Das meinte er ernst. „Ich muß sagen, Sie kennen sich aus."

„Man macht sich sachkundig. Wie stehen Sie zu Ihrem Sohn Frank?"

„Komische Frage. Er ist mein Sohn. Tüchtiger Kerl. Macht sich nützlich. Opas ganzer Stolz."

„Ihrer nicht?"

„Selbstverständlich."

„Ihr Vater hat Ihnen jetzt auch die Buchführung entzogen."

„Richtig, aber ich kann nicht sagen, daß ich darauf jemals besonders scharf war. Und nach meiner Schlappe Anfang des Jahres… Man muß den alten Mann ja auch irgendwie verstehen. Meint immer, er müßte mich noch erziehen. Der beruhigt sich schon wieder. Manchmal vergißt er einfach, daß ich schon erwachsen bin. Das ist doch oft das Problem. Kennen Sie das nicht? Inzwischen sage ich mir einfach: das ist ein alter Mann, Peter, den kannst du nicht mehr umerziehen. Laß ihm seinen Stolz."

„Und was ist mit Ihrem Stolz?"

„Danke, bestens. Bin ich jetzt entlassen? Ich hätte da nämlich noch einen wirklich wichtigen Termin…"

„Wir sind gleich fertig, Herr Verhoeven. Wer könnte Ihrer Meinung nach ein Interesse daran haben, Ihren Vater aus dem Weg zu räumen?"

„Wer außer mir, meinen Sie das?" Er wurde ein bißchen lauter, verlor aber keineswegs die Beherrschung. „Einem, der ab und zu mal spielt, einfach gern mal das Leben genießt, den lieben Gott einen guten Mann sein läßt, dem ist das Allerschlimmste zuzutrauen. Das meinen Sie doch, nicht wahr? Aber nein danke, den Mist hab' ich mir lange genug anhören müssen. Der blanke Spießerneid. Den Schuh zieh' ich mir nicht mehr an. Ihre Theorie ist absurd, und wenn Sie mal in Ruhe darüber nachdenken, dann müßten Sie selber draufkommen. Gott sei Dank ist das alles nicht mein Bier."

Toppe schaltete das Tonband ab.

„Im Moment wäre das tatsächlich alles, aber wahrscheinlich muß ich Sie noch einmal belästigen."

Verhoeven zeigte ihm seine strahlend weißen Zähne. „Sie belästigen mich doch nicht. Schließlich geht's um meinen Onkel."

„Und viel Erfolg noch", rief er, als er schon auf dem Flur war.

Toppe hatte den Mann unterschätzt. Peter Verhoeven war ein ausgebuffter Zocker.

Es hatte keinen Sinn, in den ‚Silbernen Hahn' reinzuspazieren und nach Verhoevens Spielpartnern zu fragen. Er mußte sich mit den Duisburger Kollegen in Verbindung setzen, die sich in der Szene auskannten. Aber heute würde er da keinen mehr erwischen; bis er in Duisburg sein konnte, wäre es nach fünf.

Er merkte auf einmal, daß er das Mittagessen ausgelassen hatte. Ob er sich mal wieder eine Fleischrolle spezial mit Pommes gönnen konnte? Vor seiner Diät war das seine Lieblingsspeise gewesen, aber jetzt hatte er seit Monaten einen Bogen darum gemacht. Allein bei dem Gedanken daran lief ihm schon das Wasser im Mund zusammen. Andererseits mußte er eigentlich seinen Bericht schreiben. Noch während er mit sich rang, klingelte das Telefon.

Es war Dr. Stein, der Staatsanwalt, der sich beschwerte, daß er so lange nichts von Toppe gehört hatte. Bei früheren Fällen war Stein fast immer bei den täglichen Besprechungen des 1. Kommissariats dabeigewesen, denn er unterrichtete sich gern über die Details, verfolgte einen Fall möglichst nah, damit er seine Entscheidungen schnell und überzeugend fällen konnte.

„Kommen Sie in dem Fall denn gar nicht weiter, Toppe?"

„Wie man's nimmt. Es hatte sich völlig totgelaufen; jede Spur führte ins Nichts. Aber seit letzter Woche habe ich einen neuen Ansatz, noch nicht konkret, aber mein Gefühl sagt mir, daß er ganz vielversprechend ist."

„Na, das beruhigt mich aber. Bisher konnten wir uns doch auf Ihre Nase immer ganz gut verlassen. Und sonst?"

„Ziemlich bewölkt, würde ich sagen."

„Ja, ich habe schon gehört, mit dem Betriebsklima soll es nicht zum Besten stehen. Es ist schon so etwas mit den ‚neuen Besen'."

„Wir sind hoffnungslos unterbesetzt. Eigentlich ist es ja ein Unding, daß man allein an einem solchen Fall arbeitet."

„Ich dachte, Sie hätten Frau von Steendijk an Ihrer Seite."

„Die hat mir Herr Siegelkötter abgezogen. Aber es kann nur besser werden, im Januar ist van Appeldorn wieder da."

„Hätten Sie es denn nicht anders einteilen können? Man kann doch auch zu viert ohne strenge Trennung an zwei Fällen gleichzeitig arbeiten. Sie wissen, ich halte gerade den Austausch miteinander für ungeheuer wichtig."

„Herr Siegelkötter hat doch diese SOKO Motorrad auf Kreisebene ins Leben gerufen."

„Na ja", antwortete Stein, und man konnte sein breites Grinsen hören. „Wenn wir uns nicht mehr sehen, Herr Toppe, ich wünsche Ihnen schöne Feiertage."

Er gab Stein völlig recht. Viel zu leicht hatte er sich das Heft aus der Hand nehmen lassen. Schließlich war er doch immer noch der Leiter des 1. Kommissariats. Er hätte dem Stasi von Anfang an mehr entgegensetzen müssen. Aber genau das war sein Problem, das wußte er. Er ging lieber den langen und leiseren Weg, auch wenn das mehr Arbeit und Überstunden bedeutete, reagierte schon mal schnell beleidigt auf Angriffe und Ignoranz, puzzelte dann still vor sich hin, um hinterher besonders gute Arbeit abzuliefern.

Sein Kontrapunkt war van Appeldorn gewesen. Der war fix, oft zynisch und manchmal zu hart, aber sie hatten sich ergänzt, wie gut, das wurde ihm eigentlich jetzt erst richtig klar. Auch Breitenegger und Heinrichs gehörten dazu. Sie hatten alle vier ein Team gebildet, in dem jeder seine wichtige Rolle hatte, und Astrid hätte sich da mühelos einfügen können.

Seit Wochen saßen sie hier, stritten und jammerten sich an, daß es kein Arbeiten mehr wäre, anstatt etwas dagegen zu tun. Am 15. Januar kam Norbert van Appeldorn zurück. Er blätterte im Kalender. Das war ein Dienstag. Mit einem roten Filzstift trug er sorgfältig ein: *15 Uhr – Krisensitzung (ganzes Team)*.

Er sah sich in dem häßlichen graugrünen, viel zu kleinen Büro um, in dem er schon so viele Jahre hockte und in dem er eigentlich fast ebenso lange gern gearbeitet hatte.

Er wußte, was er jetzt tun würde: Zuerst eine Fleischrolle essen und dann die Kaffeemaschine kaufen, von der sie seit Jahren redeten; sein Weihnachtsgeschenk fürs 1. Kommissariat. Den Bericht konnte er auch hinterher noch schreiben, oder vielleicht sogar erst morgen.

Pfeifend ging er zum Parkplatz hinunter. Ein Problem hatte er schon mal, zumindest im Kopf, gelöst, und in seinem Mordfall gab es einen vielversprechenden Ansatz. Blieben also nur noch zwei Probleme. Eins davon stieg gerade in einem schwarzen Stretchkleid und knallroten Strümpfen in einen Klein-

wagen, und Gabi war bestimmt auch immer noch sauer auf
ihn.

24

„Wat meinze, wat inne Großstadt los is'", jammerte der Duisburger Kollege und zeigte sich wenig erfreut über Toppes An-
liegen. Dafür hatte Toppe eigentlich nur ein müdes Lächeln
übrig, aber er zog es vor, Verständnis zu heucheln. Auch er
wäre am liebsten heute schon in den Weihnachtsurlaub gegangen, „aber kannze vergessen".

Nach etlichen Tassen Kaffee und dick aufgetragenen Mit-
leidsbekundungen versprach der Kommissar schließlich, ihm
„auf jeden Fall noch vor Heiligabend, aber ob et heute noch
klappt", eine Liste der Stammgäste vom ‚Silbernen Hahn'
rüber zu faxen.

Um nach s'Heerenberg zu kommen, mußte Toppe die
rechtsrheinische Autobahn nehmen, was er normalerweise lieber vermied. Um diese Zeit war die Strecke immer proppevoll
mit holländischen und belgischen Lastwagen, die sich ihre Ele-
fantenrennen liefern mußten, und sie führte außerdem noch
durch die dickste Industriesuppe. Eigentlich mochte Toppe
das Ruhrgebiet gern. Er fand die Leute so angenehm normal,
und es gab auch ganz schöne, gemütliche Ecken, aber hier auf
der Autobahn wurde er immer von einer unbestimmten Me-
lancholie überfallen. Die ‚Gute Hoffnungsbrücke' machte
ihrem Namen auch heute wieder alle Ehre. Dicht an dicht
lagen hier Chemie und Stahlwerke, dazwischengestreut graue
Wohnblocks, Siedlungshäuschen und sogar ein Bauernhof mit
Kühen auf der Weide. Aus einem schmalen Metallschornstein
wehte eine dünne giftgelbe Rauchfahne. Man brauchte schon
eine Menge guter Hoffnung, wenn man hier zwischen all den
Schloten und Schlackebergen lebte.

Hinter dem Rasthof Hünxe begann so langsam der Niederrhein, das Gras auf den Weiden verlor allmählich seinen Grauschleier, und Toppe hatte das Gefühl, er könne jetzt endlich wieder richtig Luft holen.

Mit den Kollegen in s'Heerenberg hatte er vor ein paar Jahren schon einmal zu tun gehabt. Sie waren genauso hilfsbereit wie die Rijkspolitie und die Recherche in Nijmegen, mit denen er häufig zusammenarbeitete. Gerade hier im Grenzgebiet war der kurze, informelle Draht zueinander wichtig. Viele Fälle waren grenzüberschreitend, und wenn man die offiziellen Dienstwege beschritt, gar INTERPOL einschaltete, dauerte alles viel zu lange.

Er stellte das Auto auf dem rotgepflasterten Marktplatz ab und genoß erst einmal die Ruhe. Hier gab es nicht diesen ganzen Weihnachtsrummel, der ihn in Duisburg überfallen hatte. Die Niederländer hatten ihren ‚Sinte Klaas', ihr Fest der großen Geschenke, schon hinter sich, und Weihnachten wurde kaum noch gefeiert.

Henk de Gruyter brachte sofort koffie mit einem kookje und ließ sich zu einem gemütlichen Gespräch nieder.

Die Spielbank zog eine Menge Deutscher aus dem Grenzgebiet an; ausnahmsweise war man froh darüber, denn die Spielbank war die Haupteinnahmequelle des Ortes. Es gab zwei Roulettetische, aber Baccara und Poker wurden auch gespielt. Wenn Toppe wollte, dann könnten sie später zusammen hingehen; ab 18 Uhr war geöffnet. Bis dahin – de Gruyter erinnerte sich wohl an Toppes frühere Vorliebe für reichhaltiges Essen – der neue Chinese gegenüber hatte eine ganz erstklassige Indonesische Reistafel und deutsches Bier.

Toppe schwankte. Er hatte Gabi versprochen, heute endlich ganz bestimmt den Tannenbaum zu besorgen. Henk de Gruyter fragte nicht weiter. „Wann du mich sagst, was an die Hand ist, kann ich das schon allein machen."

„Das kann ich doch nicht verlangen…"

„Das tust du toch nicht."

Toppe erzählte so viel von dem Fall, wie nötig war, und sie

vereinbarten, daß er de Gruyters Befragungsergebnisse morgen früh selbst abholen würde. Das traf sich gar nicht so schlecht, fand Toppe, denn morgen war hier Fischmarkt. Seit es in Kleve kein richtiges Fischgeschäft mehr gab, mußte man den weiten Weg nach s'Heerenberg auf sich nehmen, wenn man frischen Fisch und anderes Meeresgetier in vernünftiger Auswahl und Qualität haben wollte.

So würde er also zwei Fliegen mit einer Klappe schlagen.

Vielleicht konnte er Gabi überreden, an Heiligabend vom schwiegermütterlichen Kaninchenbraten Abstand zu nehmen.

Zu seiner Überraschung war Breitenegger im Büro.

„Habt ihr euch jetzt endgültig entzweit, Heinrich und du?"

„Ach was. Ich komme gerade aus Hamminkeln. Da hatten wir einen neuen Überfall. Walter ist mit Astrid in Goch."

„Macht die jetzt auch bei euch mit?"

„Sieht so aus. Der Stasi macht richtig Dampf jetzt. Hat wohl von irgendwem Druck gekriegt. Er will dich übrigens sprechen."

„Ich habe mich schon gewundert, daß der sich so lange ruhig hält. Aber jetzt rauch' ich mir erst einmal eine."

Zum ersten Mal bot ihm Siegelkötter einen Platz an. Er sah so aus, als hätte er sich diesmal eine längere Gardinenpredigt vorgenommen, aber er kam ohne Umschweife zur Sache: „Um es kurz zu machen, Herr Toppe, wir legen Ihren Fall zu den Akten."

„Wie bitte?" Er mußte sich verhört haben. Aber Siegelkötter schob ihm die ganze, inzwischen recht umfangreiche Verhoevenakte herüber.

„Seit drei Monaten arbeiten Sie ausschließlich an diesem Fall, und ich muß Ihnen sagen, das Ergebnis ist mehr als dürftig."

„Das mag Ihnen so vorkommen, Herr Siegelkötter, aber ich bin da ganz anderer Ansicht, und ich denke nicht daran, einen Fall so einfach ungeklärt zu den Akten zu legen."

„Ich verstehe durchaus, daß gerade Ihnen das gegen den Strich geht…"

„Wenn Sie meine letzten Berichte gelesen haben, dann wissen Sie, daß es einen neuen Ansatzpunkt gibt…"

„Ich bin froh, daß Sie dieses Thema selbst ansprechen, Herr Toppe. Ich kann beim besten Willen keinen, wie Sie es nennen, neuen Ansatzpunkt entdecken. Was mir bei Ihren Berichten ins Auge fällt, ist ein Konglomerat aus Intuition, Vermutungen und Ihrer privaten Empirie."

Dabei schaffte er es, ganz jovial zu lächeln.

„Aber lassen wir das. Ich möchte gar nicht näher darauf eingehen. Ich verlange ja nicht, daß Sie den Fall endgültig abschließen. Legen Sie ihn einfach ganz oben auf den Stapel der ungeklärten Fälle. Dann können Sie sich später immer noch mal wieder damit befassen."

„Nein."

„Herr Toppe", das joviale Lächeln verwandelte sich in einen schmalen Betonmund, und Toppe fragte sich, wie lange der Alte das wohl geübt hatte, „ich kann es mir derzeit nicht leisten, auf einen erfahrenen Mitarbeiter zu verzichten. Ich sehe, Sie haben sich zwischen den Jahren freigenommen. Das ist eine ausgezeichnete Idee. Es wird Ihnen gut tun."

Toppe wußte nicht, ob er lachen oder brüllen sollte, als er so in die ‚Armer Irrer'-Ecke gestellt wurde. Er fing sich aber schnell.

„Konstruktive Kritik eines erfahrenen, kompetenten Vorgesetzten kann für jeden Mitarbeiter durchaus nur erbaulich sein. Falls Sie darüber hinaus auch noch an einer konstruktiven Zusammenarbeit interessiert sein sollten, würde ich Ihnen mitteilen, daß ich wichtige Informationen aus Duisburg und s'Heerenberg erwarte."

Siegelkötters gnädiges Lächeln rutschte seitlich weg.

„Glauben Sie mir, Herr Toppe, Sie haben sich verrannt. Das passiert uns allen manchmal, das kennt man doch aus eigener Erfahrung. Was man dann braucht, ist ein wenig Abstand.

Nach den Feiertagen arbeiten Sie in der SOKO mit. Die benötigt dringend einen Mann mit Ihren Fähigkeiten, denn auch deren Ergebnisse sind ausgesprochen..."

„...karg", unterbrach ihn Toppe. „Bis zum 2. Januar werde ich an meinem Fall weiterarbeiten."

Siegelkötter schüttelte besorgt den Kopf. „Nun, wenn Sie in Ihrer Freizeit nichts Besseres vorhaben. Aber hören Sie auf meinen Rat: verabschieden Sie sich innerlich von diesem Fall."

Toppe winkte nur wortlos ab und wandte sich zur Tür.

Er war zu seinem eigenen Erstaunen nicht einmal besonders wütend, als er zum Büro zurückging. Er nahm sich vor, bis zum 2. Januar nicht mehr über dieses Gespräch nachzudenken.

Breitenegger wedelte mit einem Blatt Papier. „Fax aus Duisburg."

„Alle Achtung, ganz schön fix, der Junge."

Die ‚ehrbaren Bürger', mit denen Peter Verhoeven, übrigens auch heute noch, regelmäßig jeden Freitag spielte, entpuppten sich als zumeist schon einschlägig bekannte Halbwelt-Mitglieder: ein Barbesitzer war dabei, ein Tankstelleninhaber, ein Fotograf...

„Geldek", murmelte Toppe, „Geldek, der Name ist doch schon mal aufgetaucht..."

„Der Baulöwe?" wollte Breitenegger wissen.

„Mmh, Bauunternehmer steht hier."

„Den kennst du nicht?"

„Nö."

„Mensch, der steht doch dauernd in der Zeitung. Ganz schräger Vogel. Erst seit ein paar Jahren in Kleve, aber von Anfang an gut im Geschäft. Gleich den richtigen Draht zur Stadt, zieht sich jeden dicken Auftrag an Land, alles ganz legal, versteht sich. Dem gehört doch jetzt schon halb Kleve."

„Ach der! Klar, jetzt weiß ich. Ich dachte immer, der käme von hier."

„Ach was, der ist erst vor sieben, acht Jahren aus dem Ruhrpott hier runtergekommen. Aber dann weißt du ja auch, was so alles über den erzählt wird."

„Ja, ja, warme Abbrüche, eigener Schlägertrupp, jetzt fällt's mir wieder ein. Was würde Ackermann dazu sagen: Die Leute quatschen viel, wenn der Tag lang ist. Aber ich bin ganz sicher, daß ich den Namen im Verhoevenfall schon einmal gelesen habe."

Er brauchte genau zwei Stunden, bis er den Namen wiedergefunden hatte: Im Zusammenhang mit der Schießerei im Duisburger Hauptbahnhof, bei der die jetzige Tatwaffe benutzt worden war, war von Geldek die Rede gewesen. Einen seiner damaligen Handlanger am Bau, der Geldeks Ziehkind gewesen war, hatte man bei der Schießerei identifiziert, aber Geldek hatte ihm ein wasserdichtes Alibi besorgt.

Der Kollege in Duisburg rutschte fast vom Stuhl, als Toppe anrief, hatte aber, als der Name Geldek fiel, schnell ein Einsehen, und nach einer weiteren Stunde Faxerei und Computerbefragung wußte Toppe eine ganze Menge mehr:

Eugen Geldek, geboren 1938 in Duisburg, drei Kinder aus erster Ehe; in zweiter Ehe verheiratet mit Martina Marx, Architektin. Wohnhaft in Kleve-Brienen, Am Deich 1. Die Ehefrau war Inhaberin eines großen Baugeschäftes in Duisburg-Obermarxloh und einer Bauträgergesellschaft in Kleve. Er selbst Teilhaber an mehreren Diskotheken und Spielhallen im Ruhrgebiet, außerdem Besitzer dreier Hotels am unteren Niederrhein und mehrerer Objekte in den Niederlanden. Er war Gründungsmitglied des Fördervereins Schloß Moyland und des Golfclubs. Im Besitz eines gültigen Waffenscheins, passionierter Jäger. Mehrere Vorstrafen in den fünfziger und sechziger Jahren wegen z. T. schwerer Körperverletzung. In den letzten zwanzig Jahren mehrfach aufgetaucht im Zusammenhang mit Brandstiftung, Geldwäsche und Bestechung und eben der Schießerei im Duisburger Bahnhof; allerdings immer ohne Anzeige.

Die vier Jungs, die damals nach der Bahnhofsgeschichte

überprüft worden waren, hatte das Schicksal mit unterschiedlicher Härte getroffen: Zwei von denen saßen seit geraumer Zeit im Knast, einen hatte man vor sieben Monaten tot aus dem Duisburger Hafen gefischt, und der vierte, Geldeks Ziehkind, ein gewisser Kurt Korten, war bald nach der Schießerei untergetaucht und seither nicht aufzufinden.

Von ihm und von Geldek hatte er sich die Fingerabdrücke und die Porträts rüberfaxen lassen. Gleich nach den Feiertagen würde er mit den beiden Fotos seine Runde unter den Schützenfestbesuchern machen.

Nur dreizehn Tage noch bis zum 2. Januar.

25

„Mein lieber Scholli!" Das Geldeksche Anwesen konnte einen schon umhauen. Solche Häuser kannte Toppe bisher nur aus Meerbusch; daß es so etwas in Kleve überhaupt gab, hatte er nicht geahnt.

Es lag dicht am Deich, am Ende eines Privatweges, ein weißes Landhaus mit Reetdach, das riesige Grundstück umgeben von einer hohen efeubewachsenen Mauer. Durch das schmiedeeiserne zweiflügelige Tor erkannte Toppe einen Swimmingpool, einen von Hecken eingefaßten Tennisplatz, und das langgestreckte Gebäude an der rechten Seite sah aus wie ein Pferdestall. Es gab kein Namensschild, nur einen Klingelknopf unter der Gegensprechanlage.

Als er klingelte, kamen sofort laut bellend zwei Deutsche Doggen ans Tor gelaufen. Toppe fühlte sich wie in einem Film.

„Ja, bitte?" kam jetzt auch schon die passende kühle Stimme aus der Sprechanlage.

„Toppe. Kriminalpolizei Kleve. Ich möchte zu Herrn Geldek."

„Einen Augenblick." Es dauerte zwei Minuten, dann ertönte ein Summer, und mit einem leisen Klicken sprang das Tor auf.

„Kommen Sie herein. Die Hunde werden Ihnen nichts tun."

Da war Toppe sich nicht so sicher, aber er ging mit festen, bestimmten Schritten den plattierten Weg zur Haustür entlang. Die Hunde umkreisten ihn und ließen ihn nicht aus den Augen. Vor der Doppelgarage parkten ein Z 1 und ein schwarzer 735er. Als sich die Haustür öffnete, erwartete er ganz selbstverständlich eine Hausdame in weißer Schürze, aber es schien die Hausherrin selbst zu sein, die ihm entgegentrat.

Sie war eine überschlanke, große Frau mit kurzen Locken und grauen berechnenden Augen. Alles an ihr, selbst die Haarfarbe, war teuer und absolut perfekt.

„Guten Tag, Herr…"

„Toppe." Sie machte keine Anstalten, ihn hereinzubitten.

„Herr Toppe, ja. Es tut mir leid, mein Mann ist auf Geschäftsreise. Worum geht es denn?" Ihre Stimme war das einzige Mißgeschick. Sie war matt und viel zu hoch.

„Ich würde ihm gern einige Fragen über eine Pistole stellen."

„Pistole? Pistolen besitzt mein Mann gar nicht."

„Das ist mir bekannt. Zumindest keine, die in seinem Waffenbesitzschein eingetragen sind."

Ihre Augen zogen sich kaum merklich zusammen. Sie ließ ihn kommen.

„Es geht um die Tatwaffe in einem Mordfall. Im Zusammenhang mit den Ermittlungen bin ich auf den Namen Ihres Mannes gestoßen."

„Merkwürdig." Sie fröstelte in ihrem dünnen Seidenoverall.

„Es weht ein kühler Wind", sagte Toppe und schaute an ihr vorbei in die Diele.

„Ja, sehr unangenehm. Ich würde Sie gern hereinbitten, aber ich bin gerade beim Packen."

„Sie wollen verreisen?"

„Wir verbringen die Weihnachtstage immer auf unserer Finca in Spanien."

„Ich verstehe. Sagt Ihnen der Name Verhoeven etwas?"

„Nein. Sollte er?" Sie konnte wunderbar gelangweilt aussehen.

„Er ist ein Bekannter Ihres Mannes. Genauer gesagt einer der Herren, mit denen Ihr Mann freitags pokert."

„Ach ja? Sehen Sie, mein Mann und ich haben ganz verschiedene Interessen und völlig getrennte Freundeskreise."

„Im Zusammenhang mit Geschäften ist Ihnen der Name auch noch nicht begegnet?"

„Um Geschäfte kümmere ich mich nicht, Herr…"

„Toppe. Das ist erstaunlich, wo Sie doch Inhaberin zweier großer Betriebe sind."

„Ich habe zuverlässige Mitarbeiter."

„Natürlich. Wann kommt Ihr Mann von seiner Geschäftsreise zurück?"

„Nicht vor Silvester."

„Genauer können Sie mir das nicht sagen?"

„Nein. Wir werden uns in Spanien treffen, und wenn es uns gefällt, bleiben wir vielleicht noch einige Tage länger."

„Ich bedanke mich, Frau Geldek. Ich werde mich wieder bei Ihnen melden."

„Auf Wiedersehen, Herr… Toppe."

Im Weggehen drehte er sich noch mal um: „Ach, Frau Geldek…"

„Ja?"

„Wirklich, zwei sehr schöne Autos. Und grüßen Sie Ihren Mann."

Sie lächelte nur und schloß die Tür.

Mit der Frau hatte Geldek den großen Wurf getan; sie war der perfekte Wachhund.

Toppe fuhr zum Präsidium zurück. Er steckte in einer Sackgasse. Vielleicht hatte Siegelkötter recht, und er sollte sich wirklich innerlich von dem Fall verabschieden. Wenn er sich

132

bloß nicht so sicher gewesen wäre, daß er auf genau der richtigen Spur war.

Trotzdem begann heute sein Weihnachtsurlaub, und in den nächsten Tagen würde sich sowieso nichts mehr tun.

Er schloß den Kofferraum auf, holte die weihnachtlich verpackte Kaffeemaschine heraus und trug sie ins Büro hinauf. Dort stellte er sie auf die Fensterbank neben seinen Schreibtisch und schrieb einen Zettel: *von Helmut für uns alle – Frohe Weihnachten und ein besseres neues Jahr.*

Wer auch immer in den nächsten Tagen Bereitschaft hatte, würde sie finden.

Auf seinem Schreibtisch fand er auch ein Geschenk, ein schmales, schwarzes Feuerzeug mit einer Karte: *Dir und Deiner ganzen Familie: Frohe Weihnachten – Astrid Steendijk*

Der Heilige Abend verlief ruhiger und friedlicher als Toppe es erwartet hatte. Seine Schwiegereltern kamen nur zur Bescherung herüber und verschwanden schon vor dem Essen wieder. Gabis Mutter schenkte ihm eine Menge mitleidiger Blicke, hielt aber den Mund. Schon wieder die ,Armer Irrer'-Ecke; was mochte Gabi ihr erzählt haben? Nach dem Kaninchenbraten, den Gabi dieses Mal selbst gemacht hatte, spielten sie mit den Kindern Monopoly und tranken beide zuviel Weinbrand.

Er bemühte sich um das Familienleben, aber er war unruhig. Die Feiertage hielten ihn nur auf. Von den dreizehn Tagen blieben ihm nur noch zehn. Innerlich fieberte er, endlich weitermachen zu können.

Trotzdem war der erste Weihnachtstag genau das, was Toppe so lange vermißt hatte. Sein Freund Arend Bonhoeffer kam mit Sofia, und nach langer Zeit kochten sie mal wieder zusammen, aßen gut, redeten viel, machten einen Spaziergang mit den Kindern und Pläne für einen gemeinsamen Sommerurlaub in Irland.

Gerade, als Toppe um Mitternacht die Haustür hinter ihnen schloß, klingelte das Telefon.

Es war Ackermann, so aufgeregt, daß er mal wieder schrie. Toppe konnte ihn kaum verstehen.

„Geht's ein bißchen leiser?"

„Wilhelm Verhoeven ist tot!"

„Was!" Jetzt schrie Toppe.

„Ja! Er ist gestern abend die Treppe runtergefallen und heute nachmittag im Krankenhaus gestorben."

„Die Treppe runtergefallen?"

„Genau. Wo wir doch noch von gesprochen haben!"

26

Die Familie schwieg überrascht, als Toppe die Tür aufstieß. Sie saßen alle um den großen Küchentisch, auf dem noch das Frühstück stand: Hendrina, Ingeborg, Peter und auch der Enkel Frank, der wirklich eine jugendliche Ausgabe seines Großvaters war; er hatte sogar den gleichen sicheren, ernsten Ausdruck.

Mitten zwischen Johannisbeermarmelade, Rübenkraut und Kunsthonig lag das Testament.

„Mein Beileid", sagte Toppe.

Peter Verhoeven musterte ihn von unten nach oben. „Finden Sie nicht, daß das nun doch etwas zu weit geht? Uns an einem solchen Tag zu überfallen! Weihnachten! Noch dazu haben wir einen Trauerfall. Sie wissen, ich stehe Ihnen gern zur Verfügung, aber es gibt doch auch noch so etwas wie ein Privatleben."

„Nicht in diesem Fall", antwortete Toppe und setzte sich auf den Stuhl, auf dem beim letzten Mal Wilhelm Verhoeven gesessen hatte.

„Sind Sie gerade bei der Testamentseröffnung?"

Keiner antwortete ihm. Ingeborg hatte ihn bisher noch nicht einmal angesehen; sie schob ihren Stuhl geräuschvoll zurück und fing an, den Tisch abzuräumen. Das Testament ließ sie liegen.

Frank beobachtete Toppe interessiert. Er saß neben Hendrina auf der Küchenbank und hielt ihre Hand. Die Alte wippte aufgeregt vor und zurück. Sie hatte ihren Blick starr auf Peter gerichtet und ließ ihn nicht eine Sekunde aus den Augen.

„Wie ist denn das mit Wilhelm Verhoeven passiert?" fragte Toppe in den Raum hinein.

Ingeborg drehte sich an der Spüle um und sagte schnell: „Heiligabend waren die Eltern bei uns oben. Beim Runtergehen ist er einfach ausgerutscht und die Treppe runtergefallen. Oberschenkelhalsbruch. Im Krankenhaus haben sie ihn gleich operiert, aber es war wohl alles zuviel. Lungenembolie."

In diesem Augenblick kreischte Hendrina auf. „Mörder!" Und mit einer blitzschnellen Bewegung fuhr sie mit ihren schwarzen Krallen durch Peters Gesicht.

„Oma!" Frank legte ihr den Arm un ihre Schultern und hielt sie fest.

Peter Verhoeven war aufgesprungen.

„Sehen Sie, was ich meine?" stieß er hervor. „Die Frau ist eine Gefahr für sich und für andere. Es ist unverantwortlich. Gleich nach Neujahr werde ich mich darum kümmern."

Er ging zum Spiegel an der Spüle und untersuchte die beiden dicken roten Striemen auf seiner rechten Wange.

„Papa!" sagte Frank.

Auch der Arm ihres Enkelsohns konnte Hendrina nicht beruhigen. Sie stieß unzusammenhängende Sätze aus, den Blick auf die Tischplatte geheftet. Zuerst war sie kaum zu verstehen, aber mit jedem Wort steigerte sich die Lautstärke, und zwischen jedem Satz holte sie keuchend Luft.

„Alle tot – er ist schuld – noch leben können – Auge um Auge – wenn er gekonnt hätt', hätt' er noch nachgetreten – den Teufel im Balg – Mörder – du hast ihn umgebracht – du hast sie alle umgebracht!"

Jetzt verlor selbst Peter Verhoeven die Beherrschung. Dunkelrot im Gesicht fuhr er seinen Sohn an: „Stopf ihr das Maul, oder ich drehe ihr den Hals um."

Toppe beobachtete ihn gespannt. Verhoeven warf ihm einen schnellen Blick zu und setzte sich wieder hin. Toppe ließ ihn nicht aus den Augen. Irritiert sah Verhoeven auf. „Hören Sie, Sie glauben ihr doch nicht etwa?"

Und dann voller Empörung: „Also, das ist ja wohl…! Hören Sie, ich weiß, daß Sie sich die kranke Idee in den Kopf gesetzt haben, ich hätte was mit Ihrem Mord zu tun, aber es geht doch wohl etwas zu weit, wenn Sie mir jetzt auch noch unterstellen, ich hätte meinen eigenen Vater umgebracht."

„Ich habe nichts dergleichen gesagt."

„Gesagt nicht! Und wie soll ich das wohl Ihrer Meinung nach angestellt haben, he? Bin ich ins Krankenhaus geschlichen und habe ihm eine Lungenembolie eingehaucht?"

„Nicht im Krankenhaus."

„Ach, Sie denken also die Treppe. Da hört sich doch wohl alles auf! Muß ich mir das eigentlich bieten lassen, Frank?"

Aber Frank hörte gar nicht zu. Er hatte seine Großmutter fest am Arm und versuchte, sie zur Tür zu führen, aber sie machte sich ganz steif und schlug nach ihm. „Ich will dabei sein!"

Ingeborg sah ihren Mann lange an. In ihrem Gesicht spiegelte sich Verachtung, aber auch eine Art Triumph. Sie zog einen Stuhl heran und setzte sich Toppe gegenüber.

„Am Heiligen Abend", begann sie langsam, „hat mein Mann sich mal wieder mit meinem Schwiegervater über den Hof gestritten."

Peter grunzte drohend, aber Ingeborg fuhr ungerührt fort. „Mein Schwiegervater hat sich schrecklich aufgeregt, seine Frau beim Arm gepackt und sie mit sich zur Tür gezogen. ,Nur über meine Leiche' hat er noch gebrüllt." Sie strich sich durchs Haar. Die Pause war wohlgesetzt. „Da hat mein Mann sich die Schnapsflasche an den Kopf gesetzt und den Fernseher eingeschaltet. Ich bin hinter meinem Schwiegervater hergelaufen, aber als ich an die Treppe kam, lag er schon unten und stöhnte, und meine Schwiegermutter hielt sich krampfhaft oben am Geländer fest. So ist es gewesen. Und das kann Ihnen mein Sohn bestätigen. Meine Kinder waren nämlich beide dabei."

Damit wischte sie sich die Hände an ihrem Rock ab, stand auf, schob den Stuhl an seinen Platz zurück, ging zu Hendrina hinüber, faßte sie fest am Arm und führte sie hinaus.

Frank sah sich kurz nach ihnen um, kam dann wieder auf die Bank und beantwortete die nicht ausgesprochene Frage: „Das kann ich bestätigen."

Peter Verhoeven lachte kopfschüttelnd, immer noch voll Empörung.

„Ist Eugen Geldek ein besonders guter Freund von Ihnen?"

Dieser Punkt ging an Toppe. Das Lachen brach ab, und Peter Verhoevens Blick irrte kurz umher, bevor er sich wieder auf Toppe heftete.

„Wir kennen uns seit etlichen Jahren. Warum?"

„Die Waffe, mit der Ihr Onkel getötet wurde, ist schon einmal bei einer Schießerei benutzt worden, und bei den Ermittlungen ist man auf Geldek gestoßen."

„Ach, das ist ja interessant. Und? Hatte er was damit zu tun?"

Toppe grinste

„Geldek? Der Baulöwe?" unterbrach Frank. „Diese Drecksau ist dein Freund? Das sieht dir ähnlich!" Er spie die Worte aus. „Wieviel hat er dir denn für den Hof geboten?"

„Halt den Mund, Grünschnabel", sagte Verhoeven leichthin, aber seine schwarzen Augen straften ihn Lügen.

„Ich finde, das ist eine durchaus berechtigte Frage", warf Toppe fast beiläufig ein.

„Sie haben ein kurzes Gedächtnis, Herr Kommissar. Ich sagte Ihnen doch schon, daß unser Grund und Boden nur landwirtschaftlich genutzt werden kann."

Frank Verhoeven lachte laut und erhob sich.

„Du Schwein", sagte er, sein Gesicht ganz nah vor dem seines Vaters. Dann stampfte er hinaus.

Toppe stand auch auf und ging zur Tür.

„Auf Wiedersehen, Herr Kommissar", rief Verhoeven ihm nach.

„Worauf Sie sich verlassen können. Ich habe den Fall noch nicht abgeschlossen."

„Verbrennen Sie sich bloß nicht die Finger."

„Drohen Sie mir?"

„Ich? Um Gottes Willen! Ich bin ja ein netter Mensch. Mit mir kann man ja so umspringen. Aber Geldek kann da ganz allergisch sein. An dem haben sich schon ganz andere die Zähne ausgebissen."

„Ich bedanke mich für die gutgemeinte Warnung", lächelte Toppe freundlich.

Die Ergebnisse aus s'Heerenberg brachten ihn kein bißchen weiter. Dort hatte Verhoeven zwar, meistens samstags, Roulette gespielt, aber das war wohl nur eine willkommene Möglichkeit gewesen, Frauen aufzureißen und sie im Laufe des Abends abzuschleppen. Er war Stammgast im s'Heerenberger ‚Pelikaan Hotel', und der Portier bestätigte die wechselnden Damenbekanntschaften.

Bei Geldeks meldete sich keiner. Mehrmals täglich rief er an; zweimal fuhr er hinaus zum Deich. Am Abend des 28. Dezembers öffnete ihm Martina Geldek die Haustür. Die Szene wiederholte sich: Ihr Mann sei noch nicht wieder zurück, aber vielleicht in den nächsten Tagen... Wieder zwei Autos vor der Garage.

„Darf ich mich vielleicht selbst davon überzeugen?"

„Nein." Und wieder die sich schnell schließende Haustür.

Er lief herum wie ein Tiger im Käfig, aß, trank, schlief, redete Alltägliches mit der Familie, las Zeitung und Mahmoodys

‚Nicht ohne meine Tochter' und nahm das alles doch kaum wahr.

Samstag, 29. Dezember, der Artikel in der Wochenendbeilage sprang ihm sofort ins Auge:

„Immenhof am Niederrhein"

Schon Mitte nächsten Jahres, rechtzeitig zu Beginn der Sommerferien, will der Duisburger Bauunternehmer Eugen Geldek im verträumten Dörfchen Keeken am Niederrhein, keine hundert Meter von der holländischen Grenze, einen lange gehegten Plan verwirklichen.

„Ich habe schon immer davon geträumt, mein Fun-Bad in Doornenburg um einen Ponyhof zu erweitern, und freue mich sehr, daß Herr Verhoeven nun auf mein großzügiges Angebot eingehen wird."

Das Geldeksche Fun-Bad mit dem angeschlossenen Ferienhauspark im niederländischen Doornenburg erfreut sich seit gut einem Jahr eines regen Zulaufs. „Das liegt sicher auch daran, daß wir durch entsprechende Bezuschussung außerordentlich günstige Sondertarife für besonders bedürftige Familien anbieten können", so Geldek zur Niederrhein Post.

Der Hof wird Platz für vierundzwanzig Ponys und sechs Reitpferde bieten und durch einen Planwagen-Pendelservice verbunden mit einer romantischen Fährfahrt über den Rhein in wenigen Minuten vom Ferienpark Doornenburg zu erreichen sein.

Die grünen Wiesen und herrlichen Reitwege entlang des Rheins und seiner Kolke warten schon, mit dem Umbau kann sofort begonnen werden, fehlen nur noch Dick und Dalli.

„Dick und Dalli können wir zwar nicht bieten", sagte uns Peter Verhoeven, der zukünftige Verwalter des Pony-Paradieses, „aber meine Frau und ich freuen uns schon sehr auf unsere kleinen Gäste und halten allerlei Überraschungen bereit."

27

Welch ein Segen doch, daß es Ackermann gab! Er war sofort
Feuer und Flamme, daß Toppe ihn mit nach Doornenburg
nehmen wollte, und wie Toppe gehofft hatte, lieferte er unterwegs im Auto jede Menge kostenlosen Kranenburger Klatsch.

„Echt, Chef, echt, Sie meinen, der Geldek hängt da mit
drin? Dat könnt' ich mir allerdings vorstellen. Wo dem doch
dat Wasser bis annen Hals steht."

„Wieso?"

„Der hat sich, wat ich gehört hab', 'n paarmal ganz schön
verkalkuliert. Un' die Kungeleien mit de Stadt sollen auch
nich' mehr so gut klappen. Die ganz dicken Dinger sind ihm
wohl durch de Lappen gegangen. Der muß praktisch pleite
sein. Aber brauch' einem ja nich' leid drum tun. Dat is' doch
'n echter Mafioso. Un' dat Ding in Doornenburg, also wat ich
so gehört hab', muß wohl auch 'n Schuß innen Ofen sein."

Doornenburg war ein Dörfchen mit nur vier oder fünf Straßen, kleinen geduckten Häusern, einer Backsteinkirche, einer
Patatbude und einer Polizeistation, die heute, am Samstag,
mit nur einem Polizisten besetzt war. Wie nicht anders zu
erwarten, begrüßte ihn Ackermann mit einem ausgiebigen
Schulterklopfen: „Dag, Ronnie." Und zu Toppe: „Dies is' Ronald... na, dreimal dürfen Sie raten, wie der mit Nachnamen
heißt."

Wie sollte Toppe das wissen?

„Keine Ahnung."

„Leenders, wie mindestens jeder zweite hier in Doornenburg. Is'n alter Kumpel von mir. En dit is mijnheer hoofdcom-
missaris Toppe uit Kleef", beendete er seinen Vorstellakt.

Trotz des obligatorischen koffie met kookje kam das Gespräch nur mühsam in Gang. Ronald Leenders war ein schwer-
fälliger, finster blickender Mann, der offenbar keine Lust hatte, der deutschen Polizei behilflich zu sein. Er gab vor, kein
Wort Deutsch zu verstehen und schon gar nicht zu sprechen,

und wäre nicht Ackermann gewesen, der in einem munteren Gemisch aus Kranenburger Platt und Holländisch unbefangen alle möglichen Fragen stellte, hätte Toppe wohl ohne Erfolg wieder abziehen müssen.

Natürlich war Geldek hier bekannt. Schließlich hatte er ihnen nach vielen vollmundigen Versprechungen die Touristenburg an den Ortsrand gesetzt. Aber bis jetzt war der wirtschaftliche Aufschwung der Gemeinde ausgeblieben. Das Fun-Bad hatte eigene Restaurants und Bars und sogar einen eigenen ‚fietsverhuur'.

„Fietsverhuur?"

„Fahrradverleih."

Im Augenblick rollte der ganze Touristenverkehr mitten durchs Dorf, aber zum Glück lief der Laden so schlecht, daß es sich gerade noch aushalten ließ.

Leenders ließ sich nach vielen fadenscheinigen Ausflüchten doch noch überreden, sie zum Ferienpark zu begleiten; das war gut so, denn ohne seine Anwesenheit hatten sie keinerlei Befugnis, auf holländischem Boden so einfach ihre Ermittlungen durchzuführen.

Das Fun-Bad erhob sich als klotziger Fremdkörper mitten aus der Rheinaue. Geldek hatte sich wirklich keine Mühe gegeben, die Gebäude der Landschaft anzupassen. In der Mitte lag das eigentliche Fun-Bad mit seiner hohen Plexiglaskuppel und den angrenzenden Restaurants. Rundherum gruppierten sich vier hohe Blocks mit Ferienwohnungen.

Der Geschäftsführer, ein Österreicher, war offenbar kein devoter Freund von Geldek; jedenfalls machte er keinen Hehl daraus, daß der Laden miserabel lief und die Besucherzahlen weit hinter den Erwartungen zurückblieben. Zur Zeit waren nur siebzehn der achtzig Wohneinheiten belegt; und das zur Ferienzeit. Die Zuschüsse hielten die Geschichte über Wasser, aber woher die nun genau kamen, und wie die sich zusammensetzten, da hätte ihn der Chef nicht eingeweiht. Der geplante Ponyhof sollte jetzt endlich den Aufschwung bringen. Man wollte mit einer Riesenwerbekampagne, ganz besonders in der ehemaligen DDR, die Leute an den Niederrhein locken. „Ich verstehe das nicht", meinte Toppe, „so ein Betrieb müßte doch eigentlich eine Goldgrube sein."

„Ja, wenn man genügend investiert. Hier hätten zusätzlich noch zwanzig, dreißig Nobelbungalows hingehört und eine organisierte Animation. Jetzt zu Weihnachten zum Beispiel, da hätte man ein vernünftiges, reizvolles Programm anbieten müssen."

Zu Geldeks allgemeiner Finanzlage könne er natürlich nichts Konkretes sagen, eines nur: sie hätten hier mit dreiundzwanzig Angestellten begonnen, aber mittlerweile seien bereits neun entlassen worden. Die Arbeit für die verbleibenden Mitarbeiter hatte sich dadurch natürlich vermehrt, was sich allerdings bisher nicht auf die Bezahlung niedergeschlagen hatte. Das Arbeitsklima und das Verhältnis zu Herrn Geldek seien begreiflicherweise dadurch etwas gespannt, wenn er es mal vorsichtig ausdrücken wollte.

Daraus erklärte sich also die erstaunlich geringe Loyalität des Mannes.

Von den Gerüchten über eine drohende Pleite habe er selbstverständlich auch gehört und sich inzwischen auch schon vorsichtshalber um einen anderen Job bemüht, sicher wisse er aber nur von einem kürzlich geplatzten Geschäft in Nijmegen, bei dem Geldek mit 1,8 Millionen dringesteckt habe. Toppe solle mal bei der Verwaltung nachfragen, die wüßten genauestens Bescheid.

Toppe zuckte resigniert die Schultern. Da würde er heute und morgen keinen erreichen, und ob die Silvester arbeiteten, war auch noch fraglich. Aber Ackermann grinste spitzbübisch, und später im Auto meinte er: „Der Bruder von meiner Frau arbeitet in der Gemeindeverwaltung in Nijmegen. Von dem krieg' ich dat schon raus. Ganz privat, versteht sich. Nee, kukken Se nich' so, Chef, Sie müssen nich' mit hin. Ich sach Ihnen heut' noch, wat läuft."

Zu Hause aß er rasch ein Butterbrot im Stehen und wollte dann gleich mit seinen beiden Fotos raus nach Keeken, aber Gabi hatte überhaupt kein Verständnis.

„Das kannst du genauso gut noch nach Neujahr machen."

„Die Zeit rennt mir weg. Siehst du das denn nicht?"

„Doch. Aber soll ich dir mal was sagen? Es ist mir egal. Du wolltest diese Silvesterfete haben. Du hast zweiunddreißig Leute eingeladen. Und jetzt willst du mich mit den ganzen Vorbereitungen alleine hängen lassen."

Toppe seufzte.

„Schick jemand anderen los."

„Wen denn? Du weißt doch, daß der Stasi mir..."

„Vielleicht ist Astrid zu Hause. Die macht das bestimmt."

Astrid war tatsächlich in ihrer Wohnung. Nein, sie hatte nichts Besonderes vor, und natürlich würde sie ihm helfen, das wisse er doch. Er solle mit den Fotos vorbeikommen und sie einweihen.

Zwanzig Minuten später klingelte er an der Tür der Einliegerwohnung in ihrem Elternhaus.

Der Fall hatte ihn in den letzten Wochen derart in Anspruch genommen, daß er kaum noch an sie gedacht hatte, und auf der Fahrt hierher hatte er befriedigt festgestellt, daß er wohl darüber hinweg war, aber als sie jetzt vor ihm stand, war es sofort wieder da.

Sie strahlte ihn weich an, und wie immer war ihre Kleidung ein Angriff auf seine Standhaftigkeit: schwarze Leggings und darüber nur eine weiße, lange Bluse. Außerdem war sie barfuß.

„Komm doch rein."

Die Wohnung war klein, ein Wohnschlafraum, eine winzige Küche, ein Bad, aber sehr schön eingerichtet. Alles in Weiß, Schwarz und einem leuchtenden Blau aufeinander abgestimmt und sehr teuer. Hier konnte sie die Fabrikantentochter nicht leugnen. Trotzdem waren die Räume ungeheuer gemütlich.

„Warum willst du eigentlich ausziehen? Ich würde mich hier sehr wohl fühlen."

„Ja? Das ist schön. Aber mir sind meine Eltern einfach zu nah. Ich fühl' mich hier immer noch wie ein großes Kind. Trinkst du einen Tee mit mir?"

„Gern." Er setzte sich aufs Sofa und sah ihr zu, wie sie ruhig den Tee in die Becher goß, die schon auf dem Tischchen gestanden hatten.

Während er ihr die neuesten Entwicklungen im Verhoeven-Fall erzählte, hockte sie mit angezogenen Beinen im Sessel, hörte konzentriert zu und nickte nur dann und wann. Dabei spielte sie die ganze Zeit mit ihrem Zopf, öffnete schließlich die Spange und triselte das lange Haar auseinander.

„Gut, ich habe Zeit. Ich kann gleich losfahren, wenn du willst."

Dabei stand sie auf und ging zur Stereoanlage. Die Platte hatte schon auf dem Plattenteller gelegen: Suzanne Vega.

„Magst du die?"

„Ja, sehr."

Sie drehte sich entschlossen um und kam zu ihm. Dicht vor ihm blieb sie stehen.

„Und mich?"

„Astrid, bitte…"

Aber sie hockte sich vor ihn hin, so daß ihre Augen auf einer Höhe waren.

„Magst du mich?"

„Ja", antwortete er barsch, „ja, ich mag dich sehr gern, aber… aber mehr ist es nicht."

„Bist du ganz sicher?"

„Nein."

„Küß mich."

„Nein."

Mit einer geschmeidigen Bewegung glitt sie auf seinen Schoß und nahm seinen Kopf in ihre Hände. „Ich will mit dir schlafen, Helmut."

Er focht einen kurzen, harten Kampf mit sich selbst, den er verlor. Ihre Brüste waren so herrlich, wie er sie sich immer vorgestellt hatte, und ihre heftigen Reaktionen auf seine Berührungen, ihr leises Stöhnen, ihre Küsse, ihre Hände machten ihn völlig verrückt. Erst als sie anfing, den Reißverschluß seiner Hose zu öffnen, kam er wieder zu sich. Er hielt ihr die Hand fest und räusperte sich.

„Komm", sagte er leise, den Mund an ihrem Hals, „laß mich wieder auf die Erde zurück, ja?"

Sie versteifte sich in seinen Armen und holte tief Luft. Für eine Sekunde bewegte sie sich nicht. Dann stand sie ruckartig auf und begann, sehr konzentriert, die Knöpfe an ihrer Bluse zu schließen.

Er kam sich vor wie ein Idiot. „Weinst du?"

„Nein." Aber sie sah ihn nicht an, und er hätte darauf schwören können. „Nein, noch nicht."

„Es tut mir leid, Astrid."

„Vergiß es!" Das kam ganz hart.

„Bist du sauer?"

„Vergiß es; ich will nicht darüber reden."

„Okay." Er suchte nach dem guten Abgang, den es nicht geben konnte, wollte nur raus und weg.

Sie war so nett, es ihm leicht zu machen. „Ich rufe dich an, sobald ich was herausgefunden habe." Dabei war sie schon an der Tür. „Bis dann."

Er war so verwirrt wie selten zuvor in seinem Leben.

28

Für Silvester war Heinrichs zum Dienst eingeteilt worden. Er hatte reichlich zu tun, da die Bereitschaft auch die anderen Kommissariate mit abdecken mußte. Jetzt am frühen Nachmittag saß er gerade über dem Protokoll eines Handtaschenraubes, als die Tür so vehement aufgestoßen wurde, daß sie gegen die Wand knallte.

Herein stürmte Look, der neulich so gern mal ‚Einsatz in Manhattan' gespielt hätte. „Hier! Mann, gut, daß gerade du Dienst hast. Von wegen Heiopei und Oscar und so!"

Nachdem Heinrichs sich vom ersten Schreck erholt hatte, setzte er sein blasiertestes Gesicht auf.

„Ach, du bist also wieder im Dienst? Laß mich bloß in Ruhe, ich hab' eine Stinklaune."

„Hier, Mensch!" fuchtelte ihm Look wie wild mit einem Foto unter der Nase herum.

„Herrgott noch mal! Hör auf, hier rumzuwedeln, und sag, was du von mir willst."

„Das Motorrad, Mann! Guck doch hin. Das ist es!"

„Komm, spinn hier bloß nicht rum." Aber er starrte wie elektrisiert auf das Foto. „Du meinst, das Motorrad, das du damals verfolgt hast?"

„Ja, genau. Nu' guck doch hin. Der Aufkleber. Von einer Schnapsfirma, hab' ich doch immer gesagt. Hier siehst du's: Schwarze Frühstückskorn. Das ist die Mühle; ich bin hundertprozentig sicher."

Es war ein Unfallfoto, das die Polizei am 2. Oktober vor dem Klever Mac Donald's aufgenommen hatte. Das Motorrad selbst hatte gar nichts damit zu tun gehabt; es hatte nur zufällig in der Parkbox neben einem der Unfallfahrzeuge gestanden.

Look hatte eine Ausschnittvergrößerung machen lassen: Eine 450er Honda, der Aufkleber war gut zu erkennen, und mitten auf dem Foto prangte dick und deutlich das Nummernschild.

„Los, komm mit!"

Heinrichs bewegte seine 109 Kilo so schnell zur Zentrale hinunter, daß Look ihm kaum folgen konnte.

Unten knallte Heinrichs dem Diensthabenden das Foto auf den Tisch. „Da, ich brauch' den Halter."

Der Polizist, aus seinem Jerry Cotton-Heft gerissen, wo gerade mal wieder irgendeine Faust in Phil Deckers Magengrube explodierte, sah ihn mit leerem Blick an.

„Jetzt sofort?"

„Nein", brüllte Heinrichs, dunkelrot im Gesicht, „nächste Woche Mittwoch! Beweg deinen Arsch, aber 'n bißchen plötzlich, sonst tret' ich dir in denselben."

„Sag mal, du hast doch wohl 'n Bälleken", wehrte sich der Diensthabende, aber er begab sich, Verwünschungen ausstoßend, zum Computer.

Heinrichs schickte ein stummes Gebet zum Himmel: „Bitte, laß es bloß einmal das richtige Kennzeichen sein. Bloß dieses eine Mal."

„Kurt Korten", rief der Diensthabende rüber. „Ein gewisser Kurt Korten aus Goch."

„Aus Goch", flüsterte Heinrichs verklärt und grinste von einem Ohr zum anderen.

Dann packte er Look bei den Schultern und schüttelte ihn kräftig durch. „Du kriegst den Oscar, mein Junge", dröhnte er. „Von mir persönlich", drückte dem völlig versteinerten Look einen Schmatz auf die Stirn und tänzelte hinaus.

Keine zehn Sekunden später stand er schon wieder in der Tür. „Ähem, ich bräuchte dann wohl noch die genaue Adresse…"

Der Diensthabende sah ihn lange an. „Da müßte ich ja noch mal an den Computer…"

„Bitte", flötete Heinrichs mit Dackelblick.

Toppe war gerade dabei, das ‚Riesen-Sonnenrad' aus seiner diesjährigen Feuerwerkskollektion an den Gartenzaun zu nageln, als ein Auto heranbrauste, das mit quietschenden Reifen den Verkehrsberuhigungsinseln auswich. Es war Ackermann.

„Tach, Herr Toppe", kam er nach einer schlingernden Vollbremsung gemütlich angeschlendert, „wie isset? Is dat für't Feuerwerk heut' nacht? Klasse! Jo, jo häv wej et joor ok al wer

147

öm. Aber lassen Se dat bloß nich' die Steendijk sehen. Die hat uns vorhin im Präsidium en langen Vortrag gehalten, von wegen die Silvesterknallerei un' wat man mit dem Geld alles machen könnt'. Mannomann, hab' ich fast en schlechtes Gewissen von gekriegt."

Toppe wand sich ein bißchen. „Na ja, stimmt ja auch eigentlich. Aber den Kindern macht das immer so viel Spaß."

„Klar, Chef, uns selber aber auch en bisken, wa?" hauchte Ackermann und kniff Toppe verschwörerisch ein Auge.

Toppe nahm eine von den Selbstgedrehten, die Ackermann ihm anbot und lehnte sich an den Zaun. Ackermanns Schwager in Nijmegen hatte bereitwillig erzählt, was er wußte.

„Nach sechs, acht Bierkes krisse jeden am reden", griente Ackermann zufrieden.

Geldek war mit einem dicken Auftrag an der Altbausanierung der Waalkade beteiligt gewesen, aber schon ein paar Wochen nach der Fertigstellung der ersten Gebäude hatten sich schwere Baumängel gezeigt.

„Nich' nur, dat der aus dem Projekt rausgeflogen is', dat ihm locker 1,8 Millionen gebracht hätte, nee, die Stadt Nijmegen stellt auch noch Regreßansprüche in Höhe von 'ner guten Million."

„Ganz hübsche Summen", nickte Toppe. „Das dürfte selbst Geldek nicht so leicht wegstecken."

„Ach wat, der Typ is' doch total abgezockt. Der plündert sein Schweizer Nummernkonto, un' dann nix wie ab inne Sonne. Südamerika, ich komme!"

Toppe warf die Kippe in den Rinnstein und rieb sich die Stirn. „Vielleicht haben Sie gar nicht so unrecht, Ackermann. Ich muß mich wohl ein bißchen ranhalten. Aber erst mal schönen Dank für die schnelle Arbeit."

„Gott", winkte Ackermann ab, „dat macht man doch immer wieder gern. Haben Sie übrigens schon mitgekriegt, wat bei uns los is'? Nee? Wie't aussieht, haben die diesen Motorradfreak gefunden. Breitenegger fuhr grad mit en paar Jungs nach Goch, um den zu kassieren."

„Wirklich nach Goch?" lachte Toppe. „Das wird ja Balsam auf Walters Seele sein." Er verabschiedete sich schnell von Akkermann, packte sein Werkzeug zusammen und ging hinein, um Heinrichs anzurufen und zu gratulieren. Wenn die ihren Fall jetzt wirklich abschließen konnten, würde er selbst wohl in aller Ruhe am Verhoevenmord weitermachen können.

„Danke, danke, Helmut, aber bloß keine Vorschußlorbeeren. Noch habe ich mit dem nicht gesprochen. Weißt du, was das Schönste ist? Der Typ wohnt gleich bei mir um die Ecke. Den muß ich schon zigmal auf seiner Maschine gesehen haben... Jetzt bin ich bloß gespannt, ob die den auch zu Hause erwischen, diesen Korten."

„Wie heißt der?"

„Kurt Korten, wieso?"

„Mensch, das gibt's doch nicht!" Soviel Zufall konnte selbst Toppe nicht verpacken.

„Ich habe die Unterlagen hier vor mir liegen. Ein mittelschwerer Junge, würde ich sagen. Da kommt einiges zusammen."

„Hast du auch was über eine Schießerei in Duisburg dabei?" Toppe wollte es immer noch nicht glauben.

„Ja, genau, am Bahnhof. Aber woher weißt du das?"

Toppe antwortete nicht.

„Hee, bist du noch dran?"

„Doch, doch, ich versuche nur gerade, das auf die Reihe zu kriegen. Kurt Korten... bei dem war ich auch gerade gelandet."

„Bei deinem Mord in Keeken?"

„Ich bin in zehn Minuten da!" Damit knallte Toppe den Hörer auf die Gabel und fischte mit der anderen Hand seine Jacke von der Garderobe.

„Gabi!" brüllte er.

„Ja?" kam es leise von oben.

149

„Ich muß weg. Bin zeitig zurück."

Als Gabi an die Treppe kam, war er schon aus dem Haus.

29

Äußerlich war Kurt Korten in jeder Beziehung mittelmäßig.
Er war mittelgroß, von mittlerer Statur, trug sein braunes
Haar mittellang und mittelmäßige Kleidung; aus dem Rahmen fielen lediglich seine außerordentlich müden Augen –
man hatte den Eindruck, daß er sie nur unter Aufbietung aller
Kraft offenhalten konnte – und sein breites weiches Ruhr-
deutsch, wenn er sich dazu herabließ, etwas zu sagen.

Seine Persönlichkeit jedoch war alles andere als mittelmäßig. Der Mann war von einer unerschütterlichen Kälte.

Keinen Augenblick hatte er sich seiner Verhaftung wider-
setzt, sich nicht einmal besonders erstaunt gezeigt, nur schweigend und herablassend gegrinst. Heinrichs konnte man mit
genau dieser Art zur Weißglut bringen, und er hielt sich deshalb wohlweislich zurück und überließ Breitenegger und
Toppe weitestgehend die Vernehmung.

Breitenegger schien solche Typen immer richtig zu genie-
ßen. „Dir vergeht dein Grinsen schon noch, mein Junge, wenn
erst der ED aus deiner Bude zurückkommt. Die bringen uns
bestimmt ein paar nette Dinge mit."

Korten zuckte die Achseln. „Kann man hier wat zu Rauchen kriegen?"

Sie löcherten ihn nach seinen Alibis für die Tatzeiten;
„müßt' ich ma' drüber nachdenken, wenn ich Zeit hab'";
Toppe fragte immer wieder nach dem Schützenfest und Geldek; darauf reagierte Korten nur insofern, daß er anfing, hinge-
bungsvoll und ausdauernd in der Nase zu popeln.

Endlich kam Berns, einen Riesenwortschwall über die ver-
fluchten Überstunden vor sich hertreibend und knallte ihnen
einen Stapel Nummernschilder, eine blaue Strickmütze und

einen Revolver, Smith and Wesson 357 Magnum, auf den Tisch.

„Da schau her", sagte Breitenegger in übertriebenem Erstaunen. „Verspätete Weihnachtsgeschenke."

Korten sah gar nicht hin.

Berns grapschte sich den Revolver sofort wieder. „Den nehm' ich gleich wieder mit; muß zum Beschuß nach Düsseldorf. Wollte euch nur mal ebkes draufgucken lassen", und stapfte hinaus.

Heinrichs hob mit spitzen Fingern die Mütze hoch. „Na, was haben wir denn hier? Und all die schönen Schilderchen. Günther, gib mir doch mal die Liste rüber."

„Is' ja okay, Mann", sagte Korten gelangweilt, „ihr habt gewonnen." Dann heftete er seine Schlafaugen auf Toppe. „Aber diesen Scheiß, den der Typ dahinten immer faselt, geht nich' auf mein Konto. Mord is' nich' mein Ding, ej."

„Ach wirklich nicht?" Toppe kam langsam vom Fenster her auf Korten zu. „Jetzt will ich dir mal was sagen, lieber Freund…"

Aber dazu kam er nicht, denn Astrid stand plötzlich in der Tür und winkte ihn heraus.

„Was gibt's?"

„Ich bin durch in Keeken. Den Geldek kennt fast jeder. Der ist schon oft im Dorf gewesen, immer mal wieder hinter Grundstücken her. Aber auf dem Schützenfest war der nicht, da sind sich alle ganz sicher. Und bei dem anderen, diesem Korten, da will sich keiner festlegen. Kann sein, daß er auf dem Fest war, kann auch nicht sein. Das Foto ist ja auch schon älter." Sie sah klein und abgespannt aus.

„Müde?" fragte er.

„Hm, war ziemlich stressig."

„Willst du heute abend auf meine Silvesterfete kommen?" fiel es ihm plötzlich ein.

Sie sah ihn einen Augenblick verstört an. „Nein", sagte sie

dann. „Danke, ist bestimmt nett gemeint, aber ich bin eigentlich schon seit einer Stunde auf dem Ball vom Tennisclub."

Toppe ging wieder ins Büro und fuhr, als wäre er gar nicht draußen gewesen, Heinrichs mitten im Satz unterbrechend, fort: „Aber, daß du den Geldek kennst, das wirst du doch wohl nicht leugnen wollen?"

Korten wandte sich erstaunt an Heinrichs: „Darf der dich einfach so unterbrechen?"

Heinrichs lächelte freundlich wie eine Viper. „Doch, doch, der darf das."

„Schade eigentlich, wo wir uns grad' so nett unterhalten haben."

„Ich warte", bellte Toppe ihn an.

„Geldek?" Korten fummelte sich eine Zigarette aus der Eckstein-Schachtel, die Toppe ihm vorhin hingelegt hatte, klopfte sie zweimal auf die Tischkante, betrachtete eingehend das eine Ende, klopfte noch einmal, angelte zurückgelehnt mit langem Arm nach dem Feuerzeug, zündete die Zigarette an, zog zweimal und blickte müde den Rauchwolken nach. „Ein ganz alter Kumpel", ließ er sich schließlich herab.

Aber Heinrichs stand auf, kam herüber, nahm ihm die Zigarette aus der Hand und zerbröselte sie langsam im Aschenbecher. „Für dich ist hier Nichtraucher." Dann steckte er sich selbst eine Eckstein an, zog genüßlich und pustete Korten eine dicke Rauchwolke ins Gesicht.

Korten hustete anhaltend, setzte dann aber noch mal an: „Ein ganz alter Kumpel ausse Kindertage, sozusagen. Haben uns ewig nich' gesehen. Bin ja selbs' auch schon lange weg von Duisburg."

„Welch ungewöhnlich lange Rede", bemerkte Toppe. „Geldek ist auch schon lange weg aus Duisburg."

„Watte nich' sachs!"

„Und weißt du, wo der jetzt wohnt, der Geldek?"

„Keine Ahnung. In Frankfurt?"

„Na, jetzt trägst du aber ein bißchen dick auf. In Kleve."

„Ach wat? Dat is 'n Ding. Zufälle gibt et im Leben!"

„Das hast du natürlich nicht gewußt."

„Nee. Sach ma' kriegt man hier wenigstens wat zu trinken?"

Toppe ging gar nicht darauf ein. „Benutzt du eigentlich manchmal dein Gehirn?"

„Och Gott, wenn ich mich en bisken anstreng'."

„Das ist ja prima. Dann würde ich mich an deiner Stelle jetzt mal richtig anstrengen. Also, extra für dich mal ganz langsam. Für die Überfälle fährst du sowieso ein, und zwar nicht zu knapp, das ist doch wohl klar. Der Geldek ist am Ende, mein Lieber. Den haben wir schon am Kanthaken. Und was meinst du, was diese Geldsäcke so tun, wenn es denen mal selbst an den Kragen geht, he? Die schieben die ganze Scheiße auf so eine kleine Nummer wie dich."

Korten sah von Breitenegger zu Heinrichs und von Heinrichs zu Breitenegger. „Versteht ihr, wat der da quatscht?"

„Du wolltest doch dein Hirn anstrengen", beugte sich Toppe zu ihm hinunter. „Also sperr mal deine Ohren auf. Du packst jetzt über Geldek und Verhoeven aus und erzählst mir haarklein, wie das am 24. September auf dem Schützenfest gelaufen ist. Und ich könnte mich dann eventuell dafür verwenden, daß du so billig wie möglich dabei wegkommst."

Korten schlug sich auf die Schenkel. „Ich lach' mich kaputt!" Aber er lachte gar nicht. „Ihr Bullen seid doch alle gleich. Aber so dämlich wie du, dat tut echt schon weh. En Deal! Mit der alten Masche lockst du doch keinen mehr hinterm Ofen vor, Mann. Un' wo et nix zum Dealen gibt…"

Toppe merkte, daß er heißlief. Was sollte er sich aufregen? Er würde in aller Ruhe das Ergebnis vom Beschuß abwarten. Sollten die anderen mit Korten weiterplaudern.

Er drehte sich um und holte seine Jacke vom Stuhl. „Tja, das tut mir nun echt leid für dich, Korten, aber einstweilen: schönen Abend noch und einen guten Rutsch."

Es war schon kurz nach zehn und seine Fete seit zwei Stunden im Gang.

30

Silvester steckte ihm immer noch in den Knochen, und er war schlapp und gnatzig, als er am Mittwochmorgen ins Büro kam. Nur Breitenegger erwartete ihn.

„Ich habe hier etwas, was deine Lebensgeister so richtig in Schwung bringen wird."

Das Ergebnis vom Beschuß war gekommen. Heinrich Verhoeven war eindeutig mit der Waffe, die man in Kortens Wohnung gefunden hatte, getötet worden.

Toppe rieb sich die Hände.

„Dann wollen wir uns den Korten mal holen lassen. Ich bin gespannt, wie der sich da rauswindet. Wie hat er sich denn gehalten?"

„Ausgezeichnet. Walter hat ihn zwar ganz hübsch gezwiebelt, aber der Vogel ist so schnell nicht kleinzukriegen."

„Wo steckt Walter überhaupt?"

„Der feiert seine Überstunden ab. Wir haben unseren Fall ja auch so weit klar. Aber ich wollte dich nicht so alleine hängen lassen."

Korten ließ sich überhaupt nicht erschüttern. Konnte schon sein, daß mit dem Ballermann jemand abgeknallt worden war. Er jedenfalls hatte die Knarre erst seit einer Woche. Ein echtes Liebhaberstück. Wo er sie her hatte, konnte er ihnen natürlich nicht sagen; er war doch schließlich kein Schwein. Sicher hätte er bei den Überfällen immer einen Revolver dabei gehabt, aber das wäre sein alter gewesen, den er jetzt eingetauscht hatte.

„Jetz' wunder' ich mich auch nich' mehr, dat dat gute Stück so billig war, wo doch Blut dranklebt", sinnierte er.

Toppe und Breitenegger ackerten eine gute Stunde lang, aber Korten ließ sich nirgendwo festnageln.

„Wenn du nicht damit rausrückst, wo du das Schießeisen her hast, sehe ich schwarz für dich, tiefschwarz. Du steckst ganz schön in der Tinte, Korten", raunzte Toppe ihn an.

Korten lächelte. „Ich glaub' eher, du sitzt in der Tinte. Oder hast du Beweise für deine komische Räuberpistole?"

Sie ließen ihn wieder abführen, und Toppe tobte.

„Scheiße!" brüllte er, daß man es unten auf dem Parkplatz hören konnte. „Ich hab' die Schnauze voll. Jetzt kauf ich mir den Geldek. Ich besorg' mir einen Haftbefehl."

„Das macht der Stasi nie mit", wandte Breitenegger ein.

„Das wollen wir doch mal sehen!"

Aber Breitenegger behielt recht. „Ich finde Ihre Theorien wirklich außergewöhnlich interessant, Herr Toppe, aber leider, leider..." er schüttelte voller Bedauern den Kopf, „...es bleiben Theorien. Und das reicht auf gar keinen Fall für einen Haftbefehl."

„Da kriegen wir schon was zusammengebastelt. Ich komme anders an den Kerl nicht ran. Geldek ist die Schlüsselfigur, da bin ich sicher. Ich muß mit dem sprechen."

„Nein! Und das ist mein letztes Wort."

„Wie Sie meinen, Herr Siegelkötter. Sie machen einen Fehler. Aber dafür tragen Sie ja die Verantwortung."

„Nun, das fällt mir nicht schwer."

„Jetzt laß' ich's drauf ankommen, Günther", meinte Toppe später, als er sich wieder beruhigt hatte und mit Breitenegger über einem Teller Bohnensuppe in der Kantine saß.

„Ich trommele die ganzen Keekener Schützenbrüder zusammen."

„Und -schwestern."

„Und -schwestern, genau. Und dann machen wir eine Gegenüberstellung. Irgendeiner muß sich doch wohl erinnern."

„Dann man los. Ich bin dabei."

Es war ein gutes Stück Arbeit, so auf die Schnelle die ganze Gesellschaft zusammenzutrommeln, aber für fünf Uhr nachmittags hatte er die ersten zwölf Keekener herbestellen können.

Sie waren eifrig bei der Sache, als er ihnen erklärte, wie die Gegenüberstellung vonstatten gehen würde, eifrig und sehr hilfsbereit.

Er ging hinüber ins Vernehmungszimmer, wo Korten in einer Reihe von sechs Männern gelangweilt die Wand anstarrte, und setzte sich neben Breitenegger in die Ecke.

Einer nach dem anderen kamen die Keekener herein, schritten die Reihe langsam ab und stellten sich dann ans Fenster. Mit jedem Schützenbruder sanken Toppes Hoffnungen um einige Meter. Zwar hatte er ihnen eingebleut, nichts zu sagen und sich nichts anmerken zu lassen, aber ihre Gesichter sprachen Bände. Leichter Zweifel war noch das Hoffnungsvollste, was er da lesen konnte. Es war keiner dabei, der mit Sicherheit auf Korten zeigen würde. Toppe nickte dem uniformierten Kollegen zu, man könne die Sache beenden, als plötzlich die Tür aufgerissen wurde und eine nicht geplante Nummer Dreizehn hereinhüpfte – ein freundlicher Schrat, der strahlend seine schlechten Zähne zeigte, einen Blick auf die Männer warf, dann zielstrebig auf Korten zu stürmte und ihm gegen die Brust knuffte.

„Mensch, Kurti, dat ich dich noch ma' wiedersehen würd'. Wat 'ne Freude!"

Toppe sank das Herz in die Hose und blieb da hängen. Er wollte aufspringen, aber Breitenegger hielt ihn zurück.

Korten war völlig verwirrt.

„Sach bloß nich', du kenns' mich nich' mehr!" empörte sich Ackermann. „Dat Schützenfest in Keeken, Jung, Krönungsball. Dämmert et jetz' langsam? Na, siehste. Ham wer doch stundenlang anne Theke gestanden, wir zwei, gleich vorne anne Tür."

„Wat is' los?" fragte Korten so tumb, wie es ihm nur möglich war. „Ich hab' den Arsch mein Leben nich' gesehen."

„Hörma, du machs' doch Witze, oder? Übrigens: Witze.

Du has' mir doch noch all die Mantawitze erzählt, Mensch, dat musse doch noch wissen, ej. So blau warsse doch nich'. Und dann mußteste auf einma' ganz schnell weg, dabei war et nich' ma' ein Uhr. Auf einma' biste abgedüst wie gestochen, has' dir deine Jacke vom Haken geschnappt, un' nix wie ab."

„Jo, jetzt, wo Sie's sagen", mischte sich ein jüngerer Schützenbruder ein und stieß seinen Nachbarn an. „Mensch, Heinz, das war doch der mit dem kurzärmeligen Hemd. Der hat doch die ganze Zeit an der Ecke gestanden und kaum was gesagt. Und auf einmal war der weg."

„Stimmt, du hast dem sogar noch was nachgerufen. ,Mußte schon nach Mama hin', oder so was. Ich hab' schon die ganze Zeit gedacht, das Gesicht kennst du doch irgendwoher, aber jetzt weiß ich's wieder, bloß..." er zeigte auf Ackermann, „...an Sie kann ich mich aber gar nicht mehr erinnern."

Ackermann strahlte wie ein Honigkuchenpferd. „Kein Wunder. Da hatt' ich ja auch noch 'ne ganz andere Frisur."

31

„Geldek, die Drecksau!" Korten hatte seine ganze Schläfrigkeit im Vernehmungszimmer verloren.

„Zehn Mille waren abgemacht, fünf im Voraus un' fünf, wenn et geklappt hat. Un' die zweiten fünf hat der einfach nich' mehr abgedrückt, dieses linke Schwein. Behauptet einfach, ich hätt' den Falschen erledigt."

„Hast du doch auch", antwortete Toppe.

„Wat? Komm, spinn doch nich' rum, Mann."

Es dauerte ziemlich lange, bis er Toppes Erklärungen begriff, und dann war er völlig erschüttert, saß da wie Graf Zeppelin in Lakehurst.

Über den Hintergrund der ganzen Geschichte hatte ihn Geldek gar nicht informiert. Er war irgendwann mal mit Korten im Keekener Schützenhaus gewesen, als Verhoevens Stammtisch tagte und hatte ihm Wilhelm gezeigt, hatte auch noch darauf verwiesen, daß das Schützenfest ein guter Zeitpunkt wäre; den Rest hatte er Korten selbst überlassen.

„Eins verstehe ich nicht, Korten", porkelte Breitenegger in den offenen Wunden, „wenn ich einen umgebracht hätte, so als Profi gewissermaßen, dann würde ich mich ganz fein ruhig verhalten. Aber ich würde doch nicht weiter diese riskanten Überfälle machen."

„Gott, von irgendwat muß der Mensch doch leben."

„Doch", lachte Toppe, „doch, das ist vollkommen einleuchtend."

Sie waren auf dem Weg nach Brienen. Breitenegger fuhr, und Toppe freute sich leise vor sich hin.

Heute stand nur ein Wagen vor der Garage. Der Z 1 fehlte.

Frau Geldek lächelte ihr gemeißeltes Lächeln sogar noch, als Toppe ihr den Haftbefehl unter die Nase hielt. Bedauernd hob sie ihre schön manikürten Hände. „Mein Mann ist in Übersee. Sie dürfen gern hereinkommen und sich selbst davon überzeugen."

„Worauf Sie sich verlassen können", knurrte Toppe und stand schon in der Diele. Aber er drehte sich noch einmal um. „Wissen Sie was? Diesmal glaube ich Ihnen sogar."

Geldek war seit Silvester weg. Natürlich hatte sie keine Ahnung, wo er steckte. Übersee, mehr wußte sie angeblich nicht. Sie bot ihnen gnädig einen Platz auf der Wohnlandschaft an, die wie eine Insel mitten im dunkelblauen, mindestens 120 qm großen Wohnzimmer schwamm.

„Und er läßt Sie hier ganz alleine mit dem Konkurs?"

„Konkurs?" fragte sie mit hochgezogenen Brauen. „Aber keineswegs. Meine Unternehmen florieren. Wollen Sie einen Blick auf die Bilanzen werfen?"

Toppe schlug sich gegen die Stirn. „Aber selbstverständlich! Wie konnte ich nur eine so dumme Frage stellen? Zwei der Geldekschen Unternehmen laufen ja auf Ihren Namen."

„Eben", säuselte sie, „wie konnten Sie nur eine so dumme Frage stellen?" Damit erhob sie sich. „Etwas sollten Sie vielleicht noch wissen. Mein Mann und ich haben uns getrennt. In aller Freundschaft, versteht sich."

„Versteht sich", echote Toppe.

Sie zauberte ein Du-kleiner-Pinscher-Lächeln in ihr Gesicht.

„Und deshalb möchte ich die Herren bitten, mich von jetzt an nicht weiter zu behelligen. Mit den Angelegenheiten von Eugen Geldek habe ich nichts mehr zu tun."

„Hat Ihr Gatte den Z 1 mitgenommen?"

„Das sieht ganz so aus, Herr... äh... Oberkommissar."

„Hauptkommissar", strahlte Toppe.

Im Auto wollte er sich lange nicht beruhigen. „Das mußt du dir mal wegtun! Setzt sich mit seinem ganzen dreckigen Schotter ab, und seine Alte macht hier weiter dicke Knete. Von wegen getrennt! Das haben die fein ausgekungelt. Und ich kann nichts dran machen. Gar nichts. Drei Tage zu spät!"

„Das ist doch nicht dein Fehler", versuchte Breitenegger zu beschwichtigen.

„Natürlich ist das mein Fehler. Wessen denn sonst? Ich hätte viel eher drauf kommen müssen."

„Quatsch. Ist einfach dämlich gelaufen, die ganze Geschichte. Und außerdem: Deinen Täter hast du doch, sogar mit Geständnis."

Aber Toppe sah nur mit zusammengekniffenem Mund aus dem Fenster. Auf dem Spoykanal dümpelten ein paar Stockenten, und zwei kleine Jungs ließen ein Schlauchboot zu Wasser. Im Januar; warm genug dazu war's; verdrehte Welt.

„Ist natürlich völlig für den Eimer", fing Breitenegger wieder an, „aber wir sollten trotzdem nach dem Z 1 fahnden. Welchen Flughafen würdest du ansteuern?"

„Schipol", antwortete Toppe ohne echtes Interesse. „In knapp zwei Stunden zu erreichen und täglich x Flüge nach

Übersee. Okay, schalten wir Interpol ein, auch wenn's für den Arsch ist."

Im Büro warteten Siegelkötter, Staatsanwalt Stein – und Akkermann.

„Fehlanzeige, wa?" rief er ihnen entgegen. „Genau, wie ich et gesacht hab'. Südamerika, wa? Der liecht jetz' mit dem Arsch inne Sonne anne Copacabana un' läßt die Mäuskes Samba tanzen."

„Wie kann so etwas passieren?" polterte Stein los. Toppe hob nur resigniert die Schultern, hängte seinen Mantel auf und ließ sich auf seinen Stuhl fallen. Die Atmosphäre hier war ordentlich geladen. Über was die wohl vorher gesprochen hatten?

„Ihr Achselzucken reicht mir nicht, Herr Toppe. Ich habe mir vorhin Ihre ganzen Berichte durchgelesen. – Saubere Arbeit übrigens. – Wieso haben Sie sich den Kerl nicht längst geschnappt?"

„Tja", Toppe ließ sich viel Zeit. „Herr Siegelkötter meinte, es reiche nicht für einen Haftbefehl."

Siegelkötter machte ein gekonnt leeres Gesicht.

„Ja, was Herr Siegelkötter meint, habe ich mir eben schon schildern lassen." Toppe hatte Stein eigentlich nie aufgebracht erlebt, und er konnte sich des Gefühls nicht erwehren, daß er absichtlich überzog.

„Dennoch, der Mann hätte vernommen werden müssen!"

„Ich habe mich an Herrn Siegelkötters Anweisungen zu halten."

„Seit wann wird denn hier in diesem Stil gearbeitet? Bisher habe ich das Wort ‚Anweisung' im Zusammenhang mit Ihnen noch nicht gehört, Toppe."

„Mein lieber Herr Dr. Stein…" begann Siegelkötter sehr bestimmt, aber er kam nicht weit.

„Mein lieber Herr Siegelkötter. Ich weiß, daß Sie in Ihrer Position bisher noch nicht allzu viele Erfahrungen sammeln konnten. Deshalb möchte ich Ihnen einen Rat geben, einen gut gemeinten Rat. Ich arbeite seit über zwölf Jahren mit Herrn Toppe zusammen, und zwar erfolgreich."

Toppe hatte alle Mühe, sich ein Grinsen zu verkneifen, besonders wenn er Breiteneggers Mimik sah, der sich stumm mit Ackermann austauschte.

„Sogar überaus erfolgreich. Herr Toppe ist es gewohnt, freie Hand zu haben. Ihnen mögen manche Dinge vielleicht ein wenig unorthodox erscheinen, aber ich kann Ihnen versichern, daß wir damit immer ausgezeichnet gefahren sind. Und so eine Schlappe wie bei diesem Fall ist uns in den ganzen zwölf Jahren nicht passiert. Auch das möchte ich in aller Deutlichkeit zum Ausdruck bringen."

Toppe zündete sich eine Zigarette an, Breitenegger feixte, Ackermann versuchte, gar nicht anwesend zu sein, und Siegelkötter verlor langsam die Fassung.

„Sie wissen genauso gut wie ich, daß die Gesetzeslage es nicht zuläßt..." begann er mit kaum verhaltener Wut.

„Mein lieber Herr Siegelkötter", zitierte ihn Stein wieder, „ich habe Ihnen bereits sehr deutlich gesagt, daß Sie mir wahrhaftig nichts über die Gesetzeslage erzählen müssen." Damit stand er entschieden auf. „Im Übrigen möchte ich mich im Augenblick nicht weiter darüber unterhalten. Auf Wiedersehen."

Aber an der Tür hielt er inne. „Ach, Herr Toppe, ich möchte Sie und Ihre Frau gern zum Essen bei uns zu Hause einladen."

„Mit dem allergrößten Vergnügen."

„Wäre Ihnen der kommende Sonnabend recht?"

„Selbstverständlich."

„Na wunderbar. Sagen wir 20.30 Uhr. Einen schönen Tag noch."

Siegelkötter wartete gar nicht erst, bis sich die Tür hinter Stein geschlossen hatte. „Wir sprechen uns noch", zischte er und verschwand.

Toppe und Breitenegger prusteten gleichzeitig los, konnten sich kaum beruhigen und merkten erst im allerletzten Moment, daß auch Ackermann sich verdrücken wollte.

„Mein lieber Herr Ackermann", rief Toppe streng. „Mit Ihnen habe ich noch ein Hühnchen zu rupfen."

32

„Was wollen Sie denn noch hier?" lallte Peter Verhoeven und knallte die Schnapsflasche auf den Tisch, als Toppe hereinkam.

Frank und Ingeborg saßen dicht nebeneinander auf der Bank und starrten ihn an. Auf dem Tisch standen zwei Steinhäger – und eine halbvolle Kornflasche. Frank hatte seine Hand auf ein Schriftstück gelegt, auf dem Toppe deutlich ein Notarsiegel erkennen konnte.

„Guten Abend. Immer noch bei der Testamentseröffnung?"

Ingeborg begann laut zu weinen.

„Ich hab' Sie gefragt, was Sie noch bei uns wollen", setzte Peter Verhoeven wieder an. „Sie haben doch Ihren Mörder."

„Nun, ganz so einfach ist es nicht, Herr Verhoeven." Toppe setzte sich an den Tisch. „Das müßten Sie doch am besten wissen."

Peter Verhoeven schnaubte, setzte sich die Schnapsflasche an den Mund und trank drei lange Schlucke. „Ich? Ich weiß gar nichts. Ich hab' doch noch nie was gewußt. Nicht einmal von dem da", schrie er und griff nach dem Papier, aber Frank zog es schnell weg.

Toppe sah den Sohn fragend an.

„Ein neues Testament", erklärte er. Ingeborg schluchzte laut auf, und Frank legte ihr schnell den Arm um die Schultern. „Mach dir doch keine Sorgen, Mama", flüsterte er.

„Darf ich mal sehen?" Toppe streckte die Hand aus.

„Da gibt es nichts zu sehen", brüllte Peter Verhoeven ihn

an. „Der ganze Hof geht an den Kronprinz'! Selbst über den Tod hinaus linkt mich der Alte."

Dann fing er an zu heulen.

„Mein Leben lang hat er mich gehaßt", schluchzte er und wischte sich mit dem Handrücken die Tränen aus dem Gesicht.

„Wundert dich das?" In Ingeborgs Stimme lag so viel Verachtung, in ihren Augen so viel Haß, daß Toppe schauderte.

„Und was wird aus Ihnen?"

„Pflichtteil", schnaubte sie. „Und wo wir bleiben…"

„…entscheidet der Kronprinz", unterbrach Peter.

Frank Verhoeven biß sich auf die Lippen.

„Der Täter ist für die Tat sehr gut bezahlt worden", sagte Toppe.

Peter Verhoevens glasiger Blick wanderte unstet durch die Küche.

„Er hatte einen Auftraggeber." Toppe wartete.

Peter Verhoeven schüttelte den Kopf. Wieder schossen ihm die Tränen in die Augen.

„Eugen Geldek", sagte Toppe.

Eine Sekunde lang war es vollkommen still. Dann stand Frank Verhoeven langsam auf und schlug seinem Vater mit aller Kraft ins Gesicht.

Peter wehrte sich nicht. Er wischte sich nicht einmal das Blut ab, das von der aufgeplatzten Unterlippe auf sein Kinn tropfte. „Das hab' ich doch nicht gewollt", wimmerte er. „Das hab' ich doch nicht gewußt… wirklich nicht."

Toppe schob seinen Stuhl zurück. Das Königsschießen war beendet. „Hören Sie, Herr Kommissar", stammelte Peter, „hören Sie zu…" Ingeborg und Frank nahmen das Testament und gingen hinaus.

„Es stimmt, ich wollte mit dem Geldek das Geschäft machen. Aber mein Alter wollte sich auf nichts einlassen. Aber ich hätte doch nie… Herr Kommissar… ich hab' dem Geldek immer gesagt, wenn der Hof mir gehört, dann kommen wir ins Geschäft… mehr nicht. Glauben Sie mir, Herr Toppe, ich… er war doch mein Vater…"

Toppe ging zur Tür, ohne ihm einen Blick zu gönnen.

„Holen Sie bitte Ihren Mantel. Ich nehme Sie mit aufs Präsidium."

33

Die Frau mit der Bratpfanne spazierte fröhlich, mitten in Kortens letzte Vernehmung hinein, ins Büro.

„Morgen, die Herren. Ich wollte Ihnen kurz gratulieren und mir den Gangster mal angucken."

Korten stöhnte auf und legte beide Hände schützend vor die Stirn.

„Ach, da haben wir ja den Helden. Kuipers, mein Name. Mit wem hatte ich denn damals das Vergnügen?"

Korten machte sich klein. Minneken Kuipers lachte laut und holte eine Bratpfanne aus ihrer Einkaufstasche.

Korten sprang auf. „Nehmt ihr bloß dat Ding weg! Die is' gemeingefährlich!"

Alle lachten, am lautesten aber Minneken Kuipers.

„Ja, Junge, von mir kannste noch was lernen. Aber die Pfanne hier ist diesmal für die Herren. Damit Sie sich hier mal zwischendurch ein paar leckere Spiegeleier braten können, wenn Sie viel zu tun haben."

„Danke", sagte Toppe. „Das ist wirklich nett. Normalerweise bedankt man sich nicht so freundlich bei uns."

„Na dann", brummte Breitenegger, „erst eine Kaffeemaschine, jetzt auch noch eine Pfanne. Das könnte hier noch richtig gemütlich werden."

Krimis von Leenders/Bay/Leenders

Königsschießen
Der erste Krimi mit dem Klever K 1 ISBN 3-89425-029-1
»Das feucht-fröhliche Schützenfest in einem Dorf am Niederrhein endet jäh mit dem Mord am allseits beliebten Bäcker.« (Wiesbadener Kurier)

Belsazars Ende
Der zweite Krimi mit dem Klever K 1 ISBN 3-89425-037-2
Das tote Genie liebte schöne Lolitas, die Honoratioren lieben große Feste, und Astrid Steendijk liebt es spontan und intensiv.

Jenseits von Uedem
Der dritte Krimi mit dem Klever K 1 ISBN 3-89425-045-3
Ein toter Privatdetektiv, abgeschlachtete Zuchthengste und weitere rätselhafte Todesfälle führen Toppe bis weit hinter Uedem.

Feine Milde
Der vierte Krimi mit dem Klever K 1 ISBN 3-89425-057-7
Zwei tote Säuglinge in einem Kleinlaster und ein überfahrener Kripo-Mann.

Clara!
Der fünfte Krimi mit dem Klever K 1 ISBN 3-89425-071-2
Wasserleiche, religiöser Wahn und Toppes Wohngemeinschaft, - und alles dreht sich um Clara.

Eulenspiegel
Der sechste Krimi mit dem Klever K 1 ISBN 3-89425-210-3
Das K 1 wird vernetzte Musterbehörde, und ein irrer Attentäter metzelt mit offensichtlich sexuellem Hintergrund.

Ackermann tanzt
Der siebte Krimi mit dem Klever K 1 ISBN 3-89425-225-1
Scheunenfeste, eine rätselhafte Ordnertruppe und Einbrüche, die der Polizei vorab gemeldet werden. Da muss Ackermann tanzen gehen ...

Die Schatten schlafen nur
Der achte Krimi mit dem Klever K 1 ISBN 3-89425-244-8
Nierswalde, die neue Heimat für Vertriebene, wird 50 Jahre später zum Alptraum für Aussiedler und Ermittler.